大国工人的故事

让你感动到落泪

顾士胜 蔺波 孙博文 ◎ 编著

人民日报出版社
北京

图书在版编目（CIP）数据

大国工人的故事：让你感动到落泪 / 顾士胜，蔺波，孙博文编著. —北京：人民日报出版社，2019.12

ISBN 978-7-5115-6281-4

Ⅰ.①大… Ⅱ.①顾…②蔺…③孙… Ⅲ.①工人－先进事迹－中国－现代 Ⅳ.①K828.1

中国版本图书馆 CIP 数据核字（2019）第 278913 号

书　　名：	大国工人的故事：让你感动到落泪
	DAGUOGONGREN DE GUSHI：RANGNI GANDONG DAO LUOLEI
作　　者：	顾士胜　蔺　波　孙博文
出 版 人：	董　伟
责任编辑：	刘天一
封面设计：	陈国风
出版发行：	人民日报出版社
地　　址：	北京金台西路 2 号
邮政编码：	100733
发行热线：	（010）65369527　65369846　65369509　65369510
邮购热线：	（010）65369530　65363527
编辑热线：	（010）65369844
网　　址：	www.peopledailypress.com
经　　销：	新华书店
印　　刷：	北京柯蓝博泰印务有限公司
开　　本：	710mm×1000mm　1/16
字　　数：	205 千字
印　　张：	15.5
版次印次：	2020 年 1 月第 1 版　2020 年 1 月第 1 次印刷
书　　号：	ISBN 978-7-5115-6281-4
定　　价：	49.80 元

Preface 前言

我国是工人阶级领导的、以工农联盟为基础的人民民主专政的社会主义国家，工人阶级是我国的领导阶级，也是我国全面建成小康社会、坚持和发展中国特色社会主义、进一步推进改革开放、实现中国梦的主力军，是中国发展不可或缺的伟大力量，也是中国社会主义建设现有成就的最大功臣。

长久以来，在中国社会主义建设和改革开放的进程中，广大工人、特别是奋战在一线的工人，表现出了卓越的战斗力和可贵的奉献精神，他们以高度的主人翁精神和历史责任感，积极投身到改革开放和现代化建设之中，在各行各业各个岗位上勤奋工作、努力钻研、大胆创新、大显身手，做出了令人瞩目的伟大成绩，同时也涌现出许许多多可歌可泣的一线故事，充分展示了中国工人爱岗敬业、勤奋踏实、奋发图强、无私奉献的时代风采，用勤奋踏实的工作作风完美地诠释了劳动光荣、劳动伟大、劳动者最美丽的新时代理念。

本书从千千万万个伟大的工人模范中精选出了几十位奋战在生产一线、在平凡的工作岗位上勤勤恳恳、兢兢业业、踏实奉献的工人代表，通过他们平凡的工作故事，全方位展示出新时代中国工人的时代风采和高大形象。他们有的在严酷的地区做着最辛苦的工作，整日与高温或是

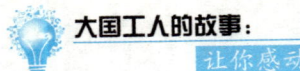

严寒相伴，与雨雪或是烈日同行；有的工作工期紧张，经常会没日没夜地加班、不分昼夜地抢修、几个月也没有休息一次；有的是创新先锋，敢作敢为，敢于奉献，常常为解决某一难题而连日奋战，废寝忘食；有的做着最普通的工作，却不忘初心、牢记使命，在自己的岗位上尽职尽责……细读每一个人的故事，都让我们感动不已，感慨万千。他们曾经历的困难，我们甚至无法想象；他们所付出的辛劳，用语言和文字都无法形容！他们并不遥远，他们遍及神州大地，他们在每个不经意的角落里闪光，他们就在你我身边。也许就是隔壁那个平时不太在意的大哥，也许就是你家中某一物件的制造者，更可能你就是他们中的一员！讲不完的故事，数不清的名字，我们只能选择一些具有行业代表性的人物，记下他们日常的点点滴滴，让更多的人感受到工人精神之伟大，行为之真切。在被他们的故事感动到泪奔的时候，期望也能激发我们内心的激情，像他们一样，在自己的岗位上做出最大的贡献。

目录 Contents

第一章 ◆ 坚定理想，坚守信仰

> 理想和信仰是决定一个人一生是否有所作为的前提。一个有明确人生理想和信仰的人，无论在哪个岗位，无论从事什么工作，都会觉得人生是充实的，有价值和意义的。每个人的起点都是平等的，之所以在后来会有所不同，是因为有的人改变了初心，失去了信仰，而那些自始至终都坚守理想与信仰的人，就会在奋斗中闪耀光芒。

1. 从"小焊工"到大工匠　　》》002
2. 人活着，就要为国家为企业出力　　》》006
3. 淘粪工的"味道"变迁记　　》》009
4. 一生守护飞机"心脏"　　》》012
5. 青春在奋斗中灿烂　　》》015

第二章 ◆ 肩扛使命，勇担责任

> 在广袤苍茫的大地上，有成千上万的人在奔波劳作，他们或为百姓送光明，或为祖国保太平；在机器轰鸣的工厂里，有成千上万的人在挥汗如雨，他们或在检修机器、或在加工零件、或在输送转运，无论严寒酷暑，他们从无懈怠！岗位不同，责

任各异，使命却永在心里，只因为他们身上有两个光荣的大字——工人！更好地为人民服务，让中国智造走向世界是他们神圣的使命，也是他们不可推卸的责任，所以他们奋力拼搏，所以他们安心坚守。

1. 追风逐日的"铁娘子" 》》020
2. 坚守责任的好班长 》》023
3. 净化环境就是我的使命和责任 》》026
4. 一个工人的责任和担当 》》028
5. 责任面前，危险算什么 》》031

第三章 ◆ 热爱本职，敬业有为

一个优秀的工人，一定是爱岗敬业、兢兢业业的。他们不会因自己的工作普通而放松要求，更不会因为自己的职位低下而改变态度。任何时候，他们都对自己的工作充满了热情，都渴盼在自己的岗位上做出一番业绩。哪怕默默无闻，也会孜孜以求，把所有的精力都倾注于工作，并最终做出了令人瞩目的成绩。他们卸下工装，就是一个普通人，一旦投入工作，他们就是战无不胜的勇士，就是岗位上最闪亮的招牌！

1. 任劳任怨的"管家婆" 》》036
2. 热爱工作才能干好工作 》》038
3. 检修班里的"枪王" 》》041
4. 精益求精的模具"达人" 》》043
5. 平凡岗位上的"螺丝钉" 》》045

目 录

第四章 ◆ 扎根一线，甘守平凡

> "神舟"系列航天飞船成功发射；"蛟龙号"载人潜水器研制成功；ARJ21新型支线客机交付商用；长江三峡升船机刷新世界纪录……中国举世瞩目的巨大成就让全世界为中国喝彩，为中国鼓掌，中国人自己也自豪地竖起大拇指为自己的成果点赞。而这些伟大成就的背后，却是千千万万个扎根在生产一线、甘守平凡岗位的工人！因为有他们，才有中国工业的辉煌。

1. 最美的普通劳动者　　》050
2. 在平凡岗位上绽放精彩　》054
3. 甘守平凡的岗位能手　　》056
4. 扎根一线的"技能大师"　》059
5. "种"房子的年轻人　　　》062
6. 企业里的"世界冠军"　　》065
7. 呵护煤矿生产"心脏"的"煤机大夫"　》067

第五章 ◆ 认真踏实，勤奋努力

> 勤奋、踏实、认真、努力，是中国工人的优良传统，也是现代工人的良好品德，更是练就一技之长的不二法门。"博学只靠勤修得，绝技乃由苦练成"，没有实实在在的付出，哪有叹为观止的绝技！奋战在一线的工人们最明白这一点，因而他们不摆花架子，不亮虚招式，而是脚踏实地、认真努力，用实干干出成绩。

1. "干"出来的"技能大师"　》074
2. 追风路上的"开心果"　　》077
3. 用实干创造价值　　　　》080
4. 施工现场的"小兵"　　　》082

003

5. 勤奋磨出来的"大拿" 》085
6. 扎根矿场的"硕士矿工" 》088
7. 巾帼不让须眉的"采气女工" 》090

第六章 ◆ 心无旁骛，执着专注

> 一件产品需经过千锤百炼才能成为精品，把精品做成艺术品，需要更深层的专注。真正的工匠安于岗位，执着专注，别人眼中的单调、细碎、重复，在他们眼中是乐趣、是精进、是享受。执着才能坚持，专注才能专业，一生只做一件事，一心只想手头活，再平凡的工作有了执着和专注，也会创造出不平凡的成功。

1. 用执着成就匠心 》096
2. 再小的事情也要努力去干好 》098
3. 择一行就终一生 》100
4. 因为专注，所以专业 》105
5. 用砂子铸出非凡人生 》107
6. "十年一剑"成能手 》112

第七章 ◆ 一丝不苟，精益求精

> 拥有某一种绝活的人总是受人羡慕与称赞，就像超人，高高在上，神秘莫测。超人与常人的区别是超人能做常人做不了的事情。在我们身边，在我们的企业里，在生产一线，总有无数这样的超人。他们从来不满足于自己的工作，总是想方设法让自己的工作好上加好，让自己的产品精了又精。他们用近似苛刻的手段来要求自己，只为让每一道工序都完美，让每一项任务都圆满。精益求精是一种态度，是一种精神，更是一种职业修养。

目 录

1. 吊臂上的"超人"　》116
2. "火车梦"催生的"技术大拿"　》118
3. 合格工人的标准就是精益求精　》121
4. 中建一局的"超高塔吊第一人"　》127
5. 奉献在一线的蓝领专家　》130

第八章 ◆ 团结协作，携手奋进

> "咱们工人有力量"，这力量从何而来？从团结而来。团结是一根绳，让大家劲都往一处使，团结是纤夫的号子，让大家行动一致。没有团结的队伍只会分崩离析，没有团结的队伍定将一事无成。不管是领导还是员工，他们都深深明白：团结才能干成大事，团结才能共进退。所以在工人队伍里，我们看到的是携手奋进的和谐，是互帮互助的友爱，是共同成长的足迹。

1. 港珠澳大桥建造团队的故事　》136
2. 和谐奋进的检修"铁军"　》145
3. 荣誉属于大家　》147
4. 团队的主心骨　》150
5. 喊破嗓子，不如干出样子　》153

第九章 ◆ 拼搏进取，锐意创新

> 创新不是科学家与发明家的专利，每一个岗位都是创新的舞台，每一个人都可以创新。那些优秀的员工，他们不是科学家，却总在为改进工作工艺而想办法；他们不是发明家，却时时都在攻克岗位技术难关。他们是最普通的一线工人，却也是最强大的创新力量。

1. 匠心勇追中国梦　拓步奋进传奇路　》158
2. 敢在刀尖上跳舞　》163
3. "拆"出来的"工人院士"　》167
4. 大胆创新的"草根发明家"　》170
5. "野心"成就的"大师"　》173
6. 爱搞发明的土专家　》175

第十章 ◆ 直面挫折，不怕困难

> 当认定某个岗位值得自己用一生去付出的时候，再大的困难都只是生命中的小插曲，再大的挫折也不过是花开季节里短暂的阴雨。理论知识不够可以学，技术不足可以练，就算是要付出生命也在所不惜！这是很多基层工人的信心与决心，也是他们对工作的态度！工人的伟大并不在于他们喊出了多少惊人的口号，而在于他们坚定的信念和从不吝惜的付出。

1. 昆仑山上的"寻宝人"　》180
2. 战火中惊心动魄的28天　》182
3. 有心舞狂风，何惧"风吹雪"　》185
4. 中欧班列的"神行太保"　》188
5. 越是难走的路，越想走一走　》191

第十一章 ◆ 心怀感恩，温暖他人

> 感恩是生活的智慧，是处世的哲学，更是高尚的品德。一个懂得感恩的人，心中有爱，眼中有情，他们会把不满变成感激，会用宽容代替怨恨，能使恶念成为善意。他们愿意做一盏不灭的灯，点亮万家灯火；他们就像冬日里的阳光，温暖着每一个人。越是优秀的人，越懂得感恩，懂得爱，懂得奉献与包容。

1. 495个孩子的称职"妈妈" 》198
2. "铁面"也有"柔情" 》202
3. 帮助别人，幸福自己 》205
4. 有金杯银杯更有口碑的"好人" 》207
5. 宁愿一人脏，换来万人洁 》210
6. 因为感恩，所以更加努力 》212

第十二章 ◆乐于奉献，甘当人梯

> 优秀的员工不仅自己努力奋进，勤勉努力，还会竭尽所能帮助他人，奖掖新人，甘当人梯，奉献自己。他们对工作毫无私心，只要为了工作，为了企业，他们甘当绿叶，甘作红烛，毫无保留地把自己最拿手的技艺传授给新人，心甘情愿为他人作嫁衣。这正是中国工人素质不断提升、技能水平不断增强的重要支撑。

1. 他们进步，我心里高兴 》218
2. 坚守初心的光明使者 》221
3. 绽放自己的光与热 》225
4. 从技能专家到"带头大哥" 》228
5. 要把技艺传下去 》231

参考文献 》236

第一章
坚定理想，坚守信仰

理想和信仰是决定一个人一生是否有所作为的前提。一个有明确人生理想和信仰的人，无论在哪个岗位，无论从事什么工作，都会觉得人生是充实的，有价值和意义的。每个人的起点都是平等的，之所以在后来会有所不同，是因为有的人改变了初心，失去了信仰，而那些自始至终都坚守理想与信仰的人，就会在奋斗中闪耀光芒。

1. 从"小焊工"到大工匠

一位基层岗位上的焊接工,却用焊枪创造了堪比艺术品的高精度产品,为打造中国高铁金名片奉献了自己的力量,他就是中车长春轨道客车股份有限公司焊工、全国五一劳动奖章获得者,中华技能大奖、国务院特殊津贴获得者,吉林省高级专家、吉林省技能传承师、2016年"感动中国"人物、被称为"中国第一代高铁工人""高铁焊接大师"的李万君。

从1987年8月拿起焊枪到现在,30多年来李万君在岗位上始终不懈地钻研技能,优化岗位技术,兢兢业业、孜孜以求。当年仅19岁的李万君职高毕业后初入长客公司(当时叫长春客车厂),在配焊车间最苦最累的水箱工段当工人。一进焊接车间,火星子乱蹦,烟雾弥漫,刺鼻呛人。焊工们穿着厚厚的帆布工作服,戴着焊帽,拿着焊枪喷射着2300℃的烈焰,夏天时,穿着几斤重的装备干完活出来,全身都得湿透。这样艰苦的条件不是每个人都能承受下来的,但李万君坚持了下来。

李万君的好学和好问是出了名的,一开始,一些老师傅嫌他黏人,但慢慢的,师傅们发现,这个小伙子凡事问过一次,就会举一反三。他对自己的要求是"把焊枪下的产品当成艺术品来做",因而从来没有停下过追求技艺的脚步。不知不觉中,李万君的焊接手艺在同龄人中已出类拔萃。在车间里,哪个员工哪个地方焊得不好或者出现错误,他不用看,只要一听焊接的声音就能知晓,是宽了还是窄了,是质量好还是不好,他一听一个准。这样的技术,不经过千锤百炼是不可能达到的,在一次又一次反复练习,一次又一次不断精进之后,李万君的焊枪早已变得出神入化。

2005年,他在中央企业焊工技能大赛中荣获焊接试样外观第一名,还发明了适合异种金属材料焊接特性的"新型焊钳",获得国家专利并被推广使用。其后,他不断总结经验,开拓创新,发明了好几项新型专利。

转向架制造技术,是高速动车组的九大核心技术之一。我国的高速动车组之所以能跑出如此之高的速度,其主要原因之一就是转向架技术取得了重大突破。转向架制造中,转向架环口焊接历来是最关键的工序之一。李万君就工作在环口焊接岗位上。

2007年,作为全国铁路第六次大提速主力车型,法国的时速250公里动车组在长客股份公司试制生产。由于转向架环口要承载重达50吨的车体重量,因此成为高速动车制造的关键部位,其焊接成型要求极高。试制初期,因焊接段数多,焊接接头极易出现不熔合等严重质量问题,一时成为制约转向架生产的瓶颈。关键时刻,李万君凭着一股子钻劲,终于摸索出了"环口焊接七步操作法",成型好,质量高,成功突破了批量生产的关键。这项令法国专家十分惊讶的"绝活",现在已经被纳入到生产工艺当中。

2008年,中国北车从德国西门子引进了时速达350公里的高速动车组技术。由于外方此前也没有如此高速的运营先例,转向架制造成了双方共同攻关的课题。带着领导的重托,李万君参加了转向架焊接工艺评定专家组,并发挥了高技能人才的特殊作用。以李万君试制取得的有关数据为重要参考,企业编制的《超高速转向架焊接规范》在指导批量生产中解决了大问题。

2010年,在出口伊朗的单层轨道客车转向架横梁环口焊接难题中,李万君经过不断试验摸索,成功总结出了氩弧自动焊焊接方法和一整套焊接操作步骤,一举填补了我国氩弧焊自动焊接铁路客车转向架环口的

空白,也为我国日后开发和生产新型高铁提供了宝贵依据。2012年,针对澳大利亚不锈钢双层铁路客车转向架焊接加工的特殊要求,李万君总结出了"拽枪式右焊法"等20余项转向架焊接操作方法,解决了批量生产中的多项技术难题,累计为企业节约资金和创造价值800余万元。

2015年初,中车长客股份公司试制生产我国首列国产化标准动车组,转向架很多焊缝的接头形式是员工们从未接触过的。其中转向架侧梁扭杆座不规则焊缝和横侧梁连接口斜坡焊缝质量要求极高,射线检测必须100%合格,不允许有任何瑕疵。由于不规则焊缝接头过多,极易造成焊接缺陷,使这个部位的焊接成为制约生产顺利进行的"卡脖子"工序,影响了标准化动车组的研制进程。李万君大胆尝试,以"李万君国家技能大师工作室"为攻关团队,群策群力,艰难探索,经过反复论证,多次试验,最终总结出交叉运用平焊、立焊、下坡焊,有效克服质量缺陷的操作技法,成功攻克了这项焊缝接头过多导致焊缝射线检测难以100%合格的难题,总结出一套"下坡焊创新焊接法",不仅生产效率提高了4倍,而且合格率高达100%,填补了我国在这一技术领域的空白。当时他和工友为了攻克这个难题,每天下班后加班到晚上10点多是家常便饭。"虽然攻关的过程很辛苦,但是成功后的喜悦是难以表达的。"

如今,长客股份公司的转向架年产量超过5000个,比庞巴迪、西门子和阿尔斯通等世界三大轨道车辆制造巨头的总和还多。李万君也因为在高铁制造中所做出的特殊贡献而赢得了"高铁焊接大师"的美誉。

在中车长客股份公司从业30年,李万君总结并制定了20多种转向架焊接规范及操作方法,完成技术攻关100多项,其中取得国家专利21项,填补了国内空白。他也因此获得了许多荣誉:2007年,被中国北车授予"中国北车金蓝领"称号;2009年,被中国北车授予"中国北车技术标兵"称号;2008年,被中国北车授予"中国北车拔尖技术能手"称号；2005年，被国务院国资委授予"中央企业技术能手"称号；2006年，被国务院国资委授予"中央企业知识型先进职工"称号；2009年，被中华全国铁路总工会授予"火车头奖章"；2008年，获得人力资源和社会保障部颁发的"全国技术能手"荣誉称号等；2016年，获全国五一劳动奖章；2017年2月8日，被评为感动中国2016年度人物。2011年以来，李万君带头完成国家发明专利21项，革新70多项，重大技术创新10多项，取得五小成果150多项，获奖104项。

虽然成为了举国皆知的名人，是国家承认的"技能大师"，但李万君从来没有骄傲自满。在他眼中，他自己就是一名技术工人，离开了生产一线啥也不是。成为"感动中国"2016年度人物后，李万君说："我感到很荣幸，这个荣誉不是我个人的，而是整个中车、是我们吉林省的。作为第一代高铁员工，我见证了高铁技术从追赶者变成了领跑者，我骄傲，我自豪，同时也感觉到了自己身上的责任。"

故事启迪

"你是兄弟，是老师，是院士，是这个时代的中流砥柱。表里如一，坚固耐压，鬼斧神工，在平凡中非凡，在尽头处超越，这是你的人生，也是你的杰作。"这是2016年"感动中国"组委会对他的评价。李万君的感人之处，就在于他从平凡到非凡的蝶变。他给予我们的启示是不忘初心、脚踏实地，是保持本色、敬业报国。在他身上体现的是一名焊工人对个人梦想、一名大国工匠对中国梦的执着追求与不懈努力。

21年，作为一线工人的代表，他付出的不仅是劳动，更是岁月与青春。"把焊枪下的产品变成一件件艺术品"，这是理想，也是对岗位工作的要求。正是这种精益求精的精神，让他成为工人的骄傲，让他成为新中国高铁工人的代名词。成功背后不仅有五彩的光环，还有不为人知的艰辛与汗水，但是，他无怨无悔，他阔步向前。中国高铁从无到

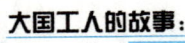

有,从追赶到领跑,是对国外技术封锁的"突围",也是中国自主知识产权的崛起,在这个过程中,其实不仅有李万君,还有无数个像李万君一样凭借钻劲儿、韧劲儿、干劲儿,在自己的岗位上孜孜以求、默默奉献的广大工人。李万君也是一个缩影,在他背后所展示出来的是一幅壮观的中国高铁人努力奋斗、勇敢创新的动人画卷。新中国新时代,正是有了这样优秀的工人,我们才敢向世人宣布,中国将进入全新的"中国创造"新时代!

2. 人活着,就要为国家为企业出力

武尚臣说:"人活着,就要为国家为企业出力。"追溯时光,总能给人精神的洗礼和信念的升华。在那个充满理想和激情的年代,"忘我工作,建设国家,振兴企业",几乎是干部职工们头脑里所有词汇的总和。他们干一行,爱一行,钻一行,千辛万苦,乐在其中,为国家的水电事业默默地奉献着自己的青春,无怨无悔。

1978年,武尚臣来到故县水库,参与工程建设当时的他只有19岁,个子不高,身材健壮,说一口河南周口方言,总是爱笑,充满了亲和力。作为开挖大队三中队团支部书记、钻工二班班长,他以身作则,抢困难,让方便,挑重担。"刚开始的时候,故县的条件特别艰苦,甚至连路都没有。我们每天三人一组,手推车出碴,一天要推300多车。虽然只有20多米的路程,但是每天都不停地重复着同样的动作,有时身体真的吃不消,可是却没人叫过一声苦,喊过一句累。"

武尚臣常说:"作为党员,干工程,就要照着'铁人'学。"他虽同时负责班组和中队团的工作,但从未少出一天勤,缺过一个班。有时

开完会快下班了,他还要到工地去干一会,如果因为学习或开会误了班,他都要想办法补上。不论干什么工作,他总是一马当先,带领全班,勇挑重担,他所在的班组被誉为"信得过"班组。三门峡五号机组开挖中,他以身作则,带头大干。闸门井出碴时,他带领全班同志每天出碴由16斗、18斗、20斗,一直上升到50斗,创造了出碴最高纪录;1978年5月,故县工地建房任务紧张,中队规定他们班每天一辆车拉土40车,而他们班平均都在100车;右岸施工时,坝肩上虚碴很厚,风沙大,灰尘多,他带领班内的十三名同志一天出碴153立方米;工地修建烘干室,下达三天任务,他们却用一天半时间就完成了;1978年9月,他们班在"猴子难攀登,崖下摔死鹰,洛龙足下翻,白云绕山行"的右岸坝肩上,打响坝肩劈坡第一炮,首次创造了五部钻班产53个孔,进尺160米的新纪录;生活区挖砌排水沟,没有石头,他带头拉,没有沙子,他带头到河里挖,要求他们两个星期完成的任务,仅用了五天就完成了。

冬天,对风钻工来说是一大挑战。他们每天站在水里工作最少8个小时,水冷风大,有时候一干就是整晚,从下午4点干到第二天凌晨4点,不少风钻工的腿都患上了静脉曲张、关节炎等疾病。

几年来,他不顾严寒酷暑,风吹雨淋,不分白天黑夜的干,在长期的艰苦劳动中,患上了慢性肠胃炎,有时吃不下饭,睡不好觉,但他照常上班,并未因此影响工作。有时,同志们看到他头冒虚汗,劝他休息,他都谢绝同志们的关心,坚持继续工作,同志们既心疼又佩服地说:"我们的班长干社会主义真是豁出了命!"为什么工作这么拼命?武尚臣说:"啥也不想,就是想快点完成任务。"

"怀孕不在家就算了,儿子生下来都8个多月了,他都没有回家看一眼。"提起他,妻子满腹埋怨。自从参加了故县水库建设,这一去就是两年,在此期间,他没有回过一次家。

在小浪底工作的时候,父亲在老家去世,一个礼拜后他才看到家里

的信。父亲已经走了，工程还要继续干，他只能忍住内心的悲痛，继续工作。他说："忠孝不能两全，我也很无奈，但是我忘不了自己的使命和任务，有使命，有任务，就要想方设法完成它。"

妻子怕他在工地分心，很少写信。每次都在家里等着盼着，希望他能早点回来，看看双亲和两个儿子。妻子担心他在工地吃不好，营养不好。每次他回来，妻子总是杀鸡宰羊，把家里最好的给他吃。那时候生活不好，妻子只能蒸两种馒头，一种是白面的，一种是杂面的，给他吃白面的，自己吃杂面的。

武尚臣说："如果没有妻子的理解和悉心照料，他的身体就不会这么好，他也不能安心在工地工作，更不能为工程建设做贡献了。"

为了加快施工进度，生产技术科提出在右坝肩施工现场试验"胡芦炮"爆破。这种爆破，钻孔难打，容易出问题，不少班长感到困难较多，信心不足。这种打孔法，对武尚臣来说，也是一个新课题。但他却说："路靠人走，经验是实践的结晶。"于是，他在积极做好全班同志思想工作的基础上，主动请战，在党支部领导和技术人员的热情帮助下，他带领全班同志团结战斗，终于为"胡芦炮"打眼法创出了一条新路。

武尚臣在生产中，不仅带头大干，努力完成任务，而且事事注意勤俭节约。每次放过炮后，他就把落孔的钻头从虚碴中拣起来，用过的废铅丝也收拣起来，以备再用。在他的影响和带动下，项目上的青年职工都自觉地养成了勤俭节约的好风气。业余时间，他经常组织青年进行义务劳动，开荒种菜、平整球场、打扫环境卫生等。

如今的武师傅，虽然已经退休，但仍然还干着他钟爱的打钻工作，走在祖国的大江南北，跟着年轻人下工地。他说："有时候看着一些年轻人干的不仔细，我都会上前去帮他们一起干，一说起干水电，总是有使不完的劲。"

故事启迪

他几十年都在打钻的岗位上奋斗着，都在默默向人们传递着"忘我工作、细致认真"的正能量。面对工作，他有使不完的劲；面对困难，他有无所畏惧的勇气与胆识；面对亲人，他也有说不尽的思念与遗憾。他不仅以"铁人"班组的工作业绩为工程施工做出卓越贡献，更以"一切为了工程"的责任感向更多的人诠释了一名平凡水电人的人格本质。

3. 淘粪工的"味道"变迁记

从1982年干起"淘粪工"，到成长为"大国工匠"——成为首位享受国务院特殊津贴的环卫专家，李德用了34年。他先后进行的106项技术革新有9项获国家专利、4项填补国内特种设备领域空白，逐步让所供职的沧州市运河区环卫部门的粪便清淘机械化作业由18%提高到98%；改造的20多辆环卫车，让一个听着就"有味道"的工作，彻底变成了"无味道"作业。如今，已56岁的李德还深扎一线——下车间、跟车队、跳化粪池，不分昼夜地做着最脏最累的工作，斗志丝毫未减。用他自己的话说，就是"憋着一股劲，为了让工人们活得更有尊严"。

1982年，原本在园林岗位工作的李德被调到了清洁队。白天扫街、晚上淘粪，这对当时才20岁的李德来说，心里十分委屈。后来父亲的激励让他重新有了努力工作、要做就做到最好的念头。他相信父亲说的

大国工人的故事：
让你感动到落泪

"是金子在哪儿都会发光"。

那么如何在这个平凡到几乎就要被人看不起的岗位上"发光"？经过思考，李德决定从学习开始。他每天前半夜去夜校上补习班，后来又听从老师的建议去考驾照，由此走上了钻研汽车改造技术之路，并痴迷上了汽车，受用终生。那时候他们清洁队的环卫车5点钟就出车扫大街，车坏了没人能修，他凭着学到的技术修理好了。1985年，单位修理车间缺人，他被调到修理车间，这对于痴迷汽车的李德来说简直是"天上掉馅饼"。学技术没有捷径可走，就得硬着头皮学；当学徒的日子，脏活累活他都去做。几年下来，李德成了当地环卫系统为数不多能拆装汽车发动机的"大能人"——有时候某辆车经过，他一听就知道这辆车是否有毛病，甚至不用拆，一听就知道毛病出在哪儿。

2004年，李德调到了沧州环卫部门公厕管理站工作。两台吸污车、三辆淘粪车，这就是当时公厕管理站的全部家当。那时候，公厕管理站的大部分环卫工在狭小的胡同里作业。粪便池在东、拉粪车在西，相距110米，需要人工将粪便一担一担地挑出一人宽的巷子，来回需要20多趟才能干完。每当看到队友们汗流浃背地挑着粪水，却遭到周围人嫌弃，莫名的心酸便会涌上李德心头。他下定决心，一定要研发出体面的吸污车，让寒来暑往的队友们活得有尊严。

说干就干，李德利用业余时间开始了艰辛的自主研发工作，可刚开了个头就遭遇了重重困难——首先，国内没有一例类似技术或是车型作参考，全部需要创新；其次，厂商给出的改车报价是上千万元，公厕管理站根本负担不起，如果向上级申请要几千万元拨款，简直就是信口开河。面对重重困难，李德没有放弃。他从理论知识到实际操作，从工学到电学，从发动机到底盘加固再到机器校对、部件磨合，李德和他的研发团队先后进行了上千次的调试修改。为了节省成本，车上零件全部是东拼西凑的边角料。三个月后，全国第一台小型吸污车改装成功。在专家组看来，这辆车虽然有些粗糙、简陋，但所有技术问题都得到了巧妙解决。对于什么都没有的李德和他的队友们来说，这简直就是奇迹。

2009年，经过几十次技术升级，李德团队研制改装的第一辆自动压缩式固液分离吸污车，投入正规作业使用，吸污效率从原先20分钟抽满一车，提高到5分钟抽满一车。该吸污车利用杠杆原理，将主体车厢和小推车无缝衔接。小推车可一次搬运十几斤污水，代替了过去的人工担粪。工人只需将装好污水的小推车卡在主体车厢外的传送链上，便可自动完成倒灌工作，身上不会沾染任何味道。此外，主体车厢的干湿分离技术，让后期清理工作更加干净、便捷。直到现在，该吸污车依然走街串巷地行使着自己的使命，从未"生病"或出过差错，让沧州市区的大街小巷不再臭气熏天，环卫工人再也不污手垢面。

之后，李德看到工人们疏通下水道时手上磨出了泡，又发明了"多功能高压冲洗车"。"多功能高压冲洗车"既能疏通管道，又能洒水、冲洗。另外，看到单位购买价格不菲的路面吸尘车，工作起来尘土飞扬，为节省千万元的科研经费，李德一点点摸索，愣是破解了整套技术。只花了几万元，就对该辆吸尘车进行了改装。

2014年，李德被评选为全国技术能手。2018年5月，他从1000多名全国技术能手中脱颖而出，与其他69名全国技术能手一道，参加了在上海举办的"大国工匠"研修班，并凭借研发出的国内首辆小型吸污车，赢得了出自核工业、航天工业、造船重工、兵器工业等国内"高精尖"单位学员的一致尊重。

 故事启迪

特殊行业，特殊的味道，几乎没有人愿意去做这份工作，但是他一干就是34年！34年，是从青丝到白发的过程；是从想做一番事业到硕果累累的过程；是从普通工人成长为大国工匠的过程。"成绩都是拿命换的"！没有人的成功是随意得来的，再苦再累也不愿放手，只为了心中的理想与信仰，只为了让更多的同行活得"有尊严"。一名普通的工人，一个平凡得别人不想去做的岗位，他却让青春在这里闪光，他却让人生在这里找到了最完美的答案！成功并不需要高高在上的起点，成功也并不是要有足够的资源与后盾，只要有一颗服务于社会，甘心为祖国的红心，只要有执着与不懈的恒心和不忘理想的初心，就一定能够找到最真实最有意义的前进道路。

4. 一生守护飞机"心脏"

在所有零部件中，发动机就是飞机的心脏。在近千片的发动机叶片中，能否掌握叶片的精密磨削技术最为关键。而洪家光，正是飞机心脏的一位守护者。他研发完成的"航空发动机叶片滚轮精密磨削技术"，荣获 2017 年度国家科学技术进步奖二等奖。像他这样在一线岗位上工作的产业工人，获得这样高规格奖项的人，可谓凤毛麟角。也正因为他在岗位发明创造方面取得的巨大成就，使他获得了无数的荣誉，身上笼罩着一串串耀眼的光环：2017 年荣获该年度国家科学技术进步奖二等奖；2018 年荣获全国五一劳动奖章，同时他还作为颁奖嘉宾，参加了"全国最美职工"颁奖典礼；参加了由中华全国总工会主办、福建省总工会承办的"大国工匠——高技能领军人才"论坛……他是普通车工数控车工双料高级技师、集团公司首席技能专家、全国职业技能大赛第一名、全国首届"最美青工"、全国"最美职工"、辽宁省劳动模范、拥有 6 项国家发明和新型实用专利……而这些荣誉和成果的取得，都是他扎根一线、踏实钻研得来的。

不到 40 岁的洪家光，已经在叶片磨削技术岗位上工作了 20 年。20

年来他兢兢业业，钻研岗位技术，凭着坚韧不拔的毅力，攻克了一个个技术难关，不断创新，屡创佳绩。

航空发动机由于涉及领域广、技术含量高，被誉为现代工业"皇冠上的明珠"。叶片是发动机的关键承载部件，长期以来，西方国家用于加工航空发动机叶片的滚轮精密磨削技术对我国进行封锁，突破叶片磨削用高精度超厚金刚石滚轮制造技术迫在眉睫。

为了攻克这个难题，洪家光拿出自己积累的工作手册，仔细研究叶片的结构特点，用心揣摩，找资料，查文献，请教专家，做加工实验。晚上困了，他就在车间找个地方打个盹，饿了就啃一口面包。从2008年开始，研究叶片的几年间，他每天都在想着叶片，像着了魔一样。利用多年积累的加工经验，大胆开展一系列技术创新，通过多年潜心探索、科研实践，超过1500多次的尝试后，洪家光和他的团队终于突破了叶片磨削用高精度超厚金刚石滚轮制造技术，研究出"航空发动机叶片滚轮精密磨削技术"。这是航空发动机叶片加工领域的核心技术。该成果已在中国航发集团内的三家单位、两家军方机构成功投入应用，为企业新增销售额3.05亿元，获得多位院士和军方代表的高度评价，为国家新型战机、大飞机上天提供了关键技术支撑。

当他凭此技术拿到国家科技进步二等奖时，有专家对于他是一线产业工人感到惊讶，他们没有想到，一线产业工人的科研水平竟然能达到这个高度，实在是让人敬佩。而这个高度的"水平"是洪家光付出了比别人多几倍的辛劳和努力换来的。产品制造在实际投产中遇到哪些问题，洪家光在第一时间记录下来，根据文字记载的内容，再细心钻研，不断进行实验，这个过程中要克服理论薄弱和研究的难关，只能通过学习来弥补自身的短板。他利用大量的业余时间，不断地为自己补充专业知识，常常到深夜才睡觉。他自学了发动机的空气力学等学科，一步步从门外汉走进专业知识的殿堂，还请教专家学者，不断攻坚克难。

一次次小革新的成功，坚定了洪家光技术创新的信心。在对重点航

空发动机叶片进行加工时,由于切削力严重超出机床主轴功率范围,间断切削加工容易造成刀具磨损而产生"啃刀"现象。洪家光通过自制装备在普通卧式车床上实现了"转车为磨",同时利用该项方法先后攻克了多项高硬度材料的精度加工,使该零件的合格率由 70% 提高到 100%。

公司在接到某重点产品工装时,其中的超窄方牙螺纹,从工艺人员到现场操作工人都没人加工过,车间领导把这个任务交给了洪家光。经过计算,洪家光发现,每次车削线长度近 33 米,车削一次后的刀具很快就会磨损,一定打刀。为了解决这一难题,洪家光一门心思地分析图纸,细研资料,终于自创了一种全新的进刀方法——"左右阶梯进刀法",填补了公司此类零件加工技术上的空白。

有一年临近春节时,公司接受了一项紧急任务——加工某重点型号发动机核心叶片的修正工具金刚石滚轮,精度要求极高,所有尺寸公差都要求在 0.003mm 以内,相当于人头发丝的二十分之一。洪家光主动请缨承接了该项任务,把行李搬到工厂,每天工作 14 个小时,他把别人看来需要几年时间才能掌握的技术,在短短的 10 天内就攻破了。他对徒弟说:"咱们国家航空发动机底子薄,要想把它搞上去,就得比别人付出得更多。我们要是和别人一样舒舒服服、慢慢悠悠过日子,还想比别人技高一筹,那就是痴人说梦。"他擅于采用国内外先进的加工方法,充分发挥设备、刀具的加工能力,十几年来,共完成了 160 多项技术革新,解决了 300 多个技术难题。

作为省市"技能大师工作站"的领衔人,洪家光充分发挥领军人才的带头作用,带领团队共同成长,将自己的车工绝活毫无保留地传授给身边人。经他培训的青年职工有 135 人次晋升了技能等级,他先后带徒弟 13 人,其中高级工 7 名、技师 2 名、高级技师 4 名,他作为主编编写了《航空发动机典型零件的加工方法》技能操作书,还录制了视频教材《车工技能操作绝技绝活》,把多年积累的典型加工绝技绝活留下来、传出去。

在洪家光的带领与指导下，2015年、2016年公司劳模创新工作室团队共完成技术创新和攻关项目82项、成果转化53项、解决临时技术难题56项，共计创造价值2850余万元，很多技术突破现正在行业内全面推广。百炼成钢，一个普通工人，经过千锤百炼，终于成为"大国工匠"！并继续在平凡的岗位上贡献着力量，守护飞机的心脏，让祖国的战鹰飞得更高。

 故事启迪

守护飞机的心脏，听起来很艺术很高雅，做起来却是难上加难。如何突破发动机叶片的滚轮精密磨削这个技术瓶颈，让他绞尽脑汁，费尽心思。学技术，学理论，苦钻研，才最终有了成绩。"当技术与技能达到一定程度时，在工作中会留意到许多需要改进的地方。"这是实话，也是一个工人作为专家的底气。它的前提必须是当技术与技能达到一定程度！这个程度就是在经过长达五年时间与千万次的实验与揣摩后得来的，这个程度是花去所有的休息时间日夜思考得来的。将个人理想融入中国梦，将自己的每一分钟都交给工作，为了理想，也为了中国梦的早日实现，生命不止，奋斗不息，这是使命也是荣誉。当战鹰飞得更高，他便也看得更远。

 ## 5. 青春在奋斗中灿烂

朱小浩是中电国际常熟发电有限公司检修分公司电气车间继电保护班副班长，2012年第八届全国电力行业继电保护工（发电企业）职业

技能竞赛中取得优异的成绩,荣获了"全国电力行业技术能手"的称号。

自从踏上工作岗位,他就信守着"干一行、爱一行、专一行"的准则,在平凡的岗位上刻苦钻研,甘心奉献。1997年大学毕业的朱小浩走上了继电保护岗位。第一次跟着师傅进入现场,望着控制屏前各式各样的仪表和指示灯,开关控制柜内密密麻麻的接线,朱小浩感到了理论和实践的巨大差别。但是在困难面前,他没有退缩,为尽早熟悉现场,他对自己的第一个要求是勤奋,手勤:多动手,多实践,脏活、累活来者不拒;腿勤:跑现场、熟悉设备位置,哪边需要哪有他;口勤:多提问、多思考、虚心向师傅请教,终于对岗位技能熟悉了。

但是随着科技的飞速发展,发电技术和发电设备也在以不可想象的速度更新。朱小浩工作的这些年也是电力设备改造高峰期。原有的晶体管式继电保护和安全自动装置更换为新型的微机型装置。面对新型设备,大家都是从零开始。但他尤其认真。在每年的机组大小修中,朱小浩白天在现场摸爬滚打,挥汗如雨,跟在师傅后面不断积累实践经验;晚上加强业务学习在灯下看图纸、查资料,提高专业理论水平。辛勤的汗水换来了回报,正是这种不断超越自己的努力加快了他的成长,为以后取得成绩打下了良好的基础。

有时候因为班组图纸不全使现场接线与图纸不相符,这是很棘手的事情。一次设备检修后,他及时把设备的校验记录和以前的数据进行对比检查,发现了220KV线路电流互感器变比用错、省调度中心下达的保护定值错误、线路保护图纸设计错误等重大缺陷,保证了设备安全稳定运行。他还正确分析了发电机转子接地保护动作发信的情况,为领导决策提供了依据。线路定校中正确分析了220KV线路4594线保护动作行为,发现了LFP-901保护装置程序上存在的纰漏,联系厂家修改了程序并经试验合格,消除了重大隐患。

在#4机发变组改造后电气启动试验过程中,通过细致的观察差流的数据，发现了异常，及时地调整了保护用电流互感器的极性，确保了保护正确性，有效地预防了保护的误动和拒动，有力的保障了主设备的安全。通过检修，他把微机保护测试仪器使用技能练得驾轻就熟，全面了解和熟悉发变组保护装置原理、校验方法、后台软件使用、回路接线、保护定值计算等有关知识和技能，将理论和实践结合得更紧密了，成为远近闻名的技术能手。

2012年9月18日至21日，全国电力行业职业技能竞赛继电保护工（发电企业）比赛在苏州举行。朱小浩在第一天的理论考试中，得心应手。第二天的故障分析判断，也顺利过关；第三天的技能操作考试要占到总成绩的50%，他遇到的竞赛实操装置——北京四方公司发变组和线路保护、深瑞母差保护BP-2B被人为设置了20个障碍，被要求在1小时内发现并排除。这是一个基本上不可能完成的任务，在此前中电投集团、中电国际的继电保护工技能赛中，1小时仅要求排除6个故障。"既然如此，不如沉下心来逐个排除"，朱小浩抱着"大战一回"的决心，冷静地面对，最终他取得了排除百分之八十的故障的好成绩，荣获"全国电力行业技术能手"称号。

2012年朱小浩获得了"江苏省青年岗位能手"称号，2013年被授予苏州"姑苏高技能突出人才"的称号。这都缘于他平时工作上出色的表现和技艺精湛。

 ## 故事启迪

不努力不奋斗不拼搏，你要青春做什么？青春就是用来努力、用来奋斗、用来拼搏的！

每个人都有属于自己的青春，人生中青春是最美好、最精彩的阶段。青春的色彩是斑斓的，但是没有理想没有追求的青春却是灰色的，黯淡的，青春的色彩经过奋斗和拼搏的汗水洗涤后会更加美丽！朱小浩

用他精湛的技艺和良好的工作态度奏响青春进行曲,也告诉人们,奋斗的青春才是最美的!只有经历了青春的酸甜苦辣,才会成长为一个成熟的人,一个对国家、对社会、对企业有用的人!

第二章
肩扛使命，勇担责任

在广袤苍茫的大地上，有成千上万的人在奔波劳作，他们或为百姓送光明，或为祖国保太平；在机器轰鸣的工厂里，有成千上万的人在挥汗如雨，他们或在检修机器、或在加工零件、或在输送转运，无论严寒酷暑，他们从无懈怠！岗位不同，责任各异，使命却永在心里，只因为他们身上有两个光荣的大字——工人！更好地为人民服务，让中国智造走向世界是他们神圣的使命，也是他们不可推卸的责任，所以他们奋力拼搏，所以他们安心坚守。

1. 追风逐日的"铁娘子"

广袤无垠的内蒙古大草原,以一望无际的绿色而让人向往,这里的人们以豁达、豪气的性格而著称。在这片土地上,无数的英雄豪杰在为这片土地更加美丽而奋斗,张玮就是其中的一个。她是一个平凡的女人,却有着"铁娘子"的美称。她是内蒙古第十届、十一届人大代表,中电投集团劳动模范,中国经济女性年度优秀人物……她如草原上铁骨铮铮的男子那样豪爽,她又如舞者一样,在草原翩翩起舞,为草原增添了一抹亮色。

2011年4月,张玮就任中电投集团内蒙古新能源公司总经理之初,内蒙古新能源开发已过黄金期,蒙西区域弃风率达30%以上,新能源发展面临"瓶颈"。

"这个担子这么重,可不是一个女人能挑得起的!"乡亲们这么议论。

"现在正是孩子需要你的时候,你就别去做什么事业了,就在家照顾孩子吧,一个女人,做出再多成绩也不如一个家稳当。"有亲人这么劝她。

面对怀疑甚至是不屑的目光,张玮想,越是这样,我就越是不能退缩!她毅然接下了担子,扛起了企业发展的重任。

蒙西地区地广人稀,旗县之间距离遥远,张玮奔波于各苏木(乡镇)、嘎查(村)之间寻找资源。跋涉途中,车坏了修好了再跑,司机累了就换个司机继续跑,而她自己,累了就在车上打个盹,饿了就啃点面包。总之就是不能耽误行程,不能耽误工作。三年多来,累计行驶里程近30万公里，一个个支持性文件陆续获得批准。按照"新华北"战略规划，先后在乌拉特中旗、达茂旗、四子王旗等区域，获取了五个风电项目的核准，累计核准风电容量84万千瓦，储备风资源800余万千瓦，奠定了华北分公司在蒙西区域的发展基础。

风力发电并不是她的目标，在风力发电稳定的基础上，她开始积极拓展光伏领域。先后在磴口、乌拉特中旗、达茂旗、杭锦旗、乌海市完成了7个光伏项目共计20万千瓦的核准，储备光资源200余万千瓦，打开了华北分公司在蒙西区域光伏项目从无到有、从小到大的良好局面。

在巩固了蒙西这个"根据地"后，张玮将视线延伸到了更加广阔的区域，成功开辟了新疆区域的新能源市场，仅2013年，就开发了30余万风、光资源，顺利迈出了内蒙古新能源公司"走出内蒙"发展战略的第一步。

2013年，内蒙古新能源公司经营任务异常艰巨。8个项目45万千瓦容量，要在当年核准并投产，而人员匮乏、资金短缺、工期紧张……那是一段非常艰难的日子。凌晨四、五点钟的时候，大地还在一片沉寂，人们各自在梦乡酣睡，而她已经开始了一天的工作。等到大家开始上班时，当天的工作已经被她安排得井井有条了；到了晚上，人们都已进入休息状态，只有她还在为第二天的工作做准备。有时，上午在杭锦旗，下午到达茂旗，晚上又赶赴四子王旗现场解决问题，一天奔波数百公里是家常便饭。一次次奔赴厂家催交设备、一遍遍与施工单位沟通协调。因为她高质量的工作态度与说到做到的工作作风得到了设备厂家和施工单位的全力支持，虽然付出了常人难以体会的艰辛与不易，但是她却轻松地安慰自己，工作已经有了明显的成绩，这是她希望看到的，所以干劲从未消失，始终陪着她。有时工地出现问题或者矛盾，她和农牧民席地而坐，拉家常、聊亲情，用真情消融农牧民心中的疑虑，顺利化解了阻工难题。

大国工人的故事：

2013的冬天，异常寒冷，四子王旗风电供热项目并网却正进入攻坚阶段。张玮和大家一起守在现场，连日的忙碌让很多男员工都深感疲惫，张玮更是每天白天坚守现场，晚上还要熬夜看文件，思考和解决工作中的难题。再强壮的身体也禁不住这样的透支和消耗，一天，正在现场巡视的张玮终因体力不支和睡眠不足昏厥过去。身边的工作人员忙把她送进附近的医院，但她醒过来后的第一句话就是："问题解决了吗？"

四子王旗项目在短短5个月内，完成了100台风机基础施工、风机吊装和静态调试。靠着这样的实干，内蒙四子王旗和新疆小草湖项目，成为国内首个最大容量风电供热和大型风光互补示范项目，《中国电力报》等媒体相继对张玮和她的团队进行了报道。

工作中，张玮干练、严肃，对工人严格要求，自己更是率先垂范，一身工装的她总是在生产和施工现场忙碌，想要找到她很容易，去现场就行；生活中，张玮开朗、友善，不管是谁有困难，只要她知道，准能去凑个热闹，大家都称张玮为好姐妹。

由于工作关系，张玮一年到头奔波在外，很少与家人团聚，能吃上她亲手做的饭菜成为爱人的奢望。因无暇照顾女儿，女儿只能"全托"在千里之外的乌海市姐姐家。每当听到女儿"妈妈眼里只有工作，没有我"的埋怨声时，坚强的张玮总是泪水盈盈！常年在外奔波的张玮，由于餐宿无律，每月总有几天剧烈的腹痛让她难以忍受；有时，疼痛的颈椎也让她无法入睡。家人心疼的责怪她："要工作，不要命了？"但为了新能源事业的发展，为了员工的幸福，张玮从一个年轻漂亮、皮肤白净的女白领，变成了一个皮肤黝黑、脸颊红彤的"铁娘子"。

"奉献绿色能源、服务社会公众"任重而道远，张玮坚信，在这张画卷上，只有添上自己亲手描绘的一笔，才能更加真切地感受到其中的壮美。

故事启迪

当一个人把工作当成事业，视为社会服务为已任，她的生命便开始有了色彩，她的光芒便会照亮他人。从皮肤白净的女白领，到皮肤黝黑、脸颊红彤的"铁娘子"，中间隔着的是使命，是责任，是担当。当一个人把使命与责任扛在肩上的时候，他会忘记自己的时间，忘记自己的身体，忘记自己所有的外在东西，在他心里，只有工作才是最重要的，只有做好工作，为人民服务才是最重要的。所谓的女汉子与铁娘子，并没有高大的身躯，也没有铁骨，只不过是比别人扛得更多，付出得更多。她将满腔的柔情化成对工作的执着，对责任的坚守，她是平凡的、普通的工人，却做着不平凡的伟大事业，生活中她是邻家姐妹，工作中她是追风逐日的干将，她是工人中的领头羊，她草原上那颗最闪亮的星星。

 2. 坚守责任的好班长

滕刚是电力黄河公司宁电电分公司自控班的班长，也是一个坚守责任、勇于担当、踏踏实实、埋头苦干的"最美工人"。

自控班14名员工负责水电站各个角落的自控设备。这个队伍中年龄大小不一，专业技术能力更是参差不齐，但不管做任何事情，作为"班头"的滕刚总是冲在最前的那一个。因为他始终认为，这就是他的责任。

不管是白天还是晚上，不管是休息还是上班时间，中控室一个电

话,就像一道命令,指引着滕刚的工作,每一个工作现场,每一个抢修现场,都有着滕刚的影子。技术改造,是一线班组的责任,滕刚带领全班人员精心维护设备,安全、高质量的完成了1号机组技改、8号机组技改、7号机组B修、3号机组、4号机组、8号机组、9号机组C修、5号机励磁装置更换以及二次设备隐患排查等主要工作。特别在1号、8号机技改工作中,面对巨大考验,在工期极其紧张的情况下,二次设备及电缆又不能按期到货,滕刚带领自控班全力以赴,每天平均工作13小时以上,合理组织工作,努力挖掘出全班人员的最大潜力,克服重重困难,圆满完成了1号机、8号机技改工作。

  提高自己、也提高班组的岗位技术和能力,是滕刚最重视的班组长责任。他以身作则,带头学习先进技术,从1992年进厂的那一天开始,20多年来,他刻苦钻研,不断学习新技术,成长为行业专家。同时带领班组员工一起,不断更新知识,掌握新型技术。青铜峡水电站的设备总在更新,引进了许多新设备,相应的要求工作人员必须掌握新技术,滕刚就以自己的所学和理解,带领班员一同研究设备,共同提高。滕刚是一名大专生,为了更好地为班组成员讲述自控设备理论与操作方法,他会从电气设备的名称、作用、原理等最基础的知识学起,像小学生一样背题、收集资料,然后再组织讲义,讲给大家听。他的学习劲头感染了班里许多年轻的班员,形成了"比、学、赶、帮、超"的学习氛围。

  管安全,更是班组生产的重头戏,滕刚更是把班组安全作为第一责任来坚守。针对自控班习惯性违章这一"顽疾",滕刚下了狠手,自己首先发挥模范带头作用,树立打持久战的决心,并将其作为一项长期的任务,常抓不懈。利用安全活动,利用工作的间隙分析习惯性违章的特点,使班员认识到违章就是事故,违章就是"自杀",见违章行为不制止就是"杀人"的道理。在技改过程中,为了不影响技改工作进度,安全活动就在工作现场进行,每天工作前都认真布置安全注意事项、分析可能出现的安全隐患,要求全班每个人在工作中互相监护互相提醒,自己更是想尽一切办法，在大家都极其疲乏的情况下，不让班上任何一个人出现一丝的麻痹思想。整个技改期间，自控班没有出现一起违章及不安全现象。滕刚坚持每天开展安全活动，让每一个班员都明白自己的安全责任。安全活动中他让每个班员都列举出自己身边出现的习惯性违章行为，并从中吸取教训。

执行安全制度滕刚的严厉也是出了名的。不管大错小误，只要违反纪律、违犯规章，滕刚铁面无情，绝对惩处，以养成遵章作业的习惯，从根本上避免事故的发生。他常说："我是班长，要求别人做到的，我首先要自己做到，无论如何，我必须坚守，坚守自己的责任，坚守自己的原则。"

关心班组员工，同样是班组长的责任，滕刚对责任从来没有马虎过。多年的班组管理经验让他认识到，良好的班组工作环境，是保证安全生产必备条件之一，只有创造一个"团结、和谐"的班组环境，才能让员工有一个良好的心态投入到安全生产工作中去，才能保证安全生产。因而他不仅是大家工作上的带头人，更是生活上的贴心人。有班员生病，他到医院探视看望；班员家里出现困难，他第一时间组织人员去了解、帮助；发现班员思想出现波动时，他主动交流、及时进行疏导。在他的带领下，自控班就像一个亲密无间的家庭，大家团结合作，和谐共处，亲如一家。

 故事启迪

他没有惊天动地的丰功伟绩，没有传奇式的经历，他每天所做的事都是重复单调却又不能有丝毫马虎的，为了坚守这份责任，他默默地付出，默默地表率，不求名利，但求无愧于工人的称号，无愧于肩上的责任。责任是什么？责任是严于律己，责任是以身作则，责任是一丝不苟，责任更是一种态度与人格。一个有高度责任心的人，无论在哪个岗

位都为集体着想,为他人着想,为工作着想。一个有高度责任心的人,无论任何时候都会坚守自己的岗位,愿意为了工作而付出无悔的青春。严防死守安全事故、主动学习、加班加点、解决困难、钻研技术……这些都是常态,都是他的日程安排。没有节假日,没有休息天,工作就是全部。正是有了这样的带头人,班组才有了"比、学、赶、帮、超"的氛围,才有了不一样的成绩。

3. 净化环境就是我的使命和责任

当PM2.5逐渐被寻常百姓熟知,当雾霾、粉尘、颗粒物成为大家日趋关注的话题,有这样一群人,他们苦守在祖国各地的工程项目一线,用自己的双眼,严格把控每一次二氧化硫的排放指标,用自己的双手,精准控制环保工程调试过程中的每一个环节。他们的足迹遍布全国26个省市,他们的身影闪现在每一个环保项目上,他们为降低空气污染物指标、达到二氧化硫减排目标做出了巨大贡献,他们就是电力调试工作人员。任维国就是他们中的一员,现任中电远达环保工程公司工程管理部的调试经理。

2006年,任维国进入中电远达环保工程公司,担任电热专工。经历的第一个项目,是呼和浩特金桥热电厂脱硫工程,对这个南方人来讲,除了任务艰巨,迎接他的还有零下近30度的寒冷气温。但他以高度的责任心,坚守在现场,上平台调试设备,下地沟查验管线走向,手拿调试设备分项测试,眼睛酸了揉一揉,脚蹲软了伸伸腿,腰杆痛了捶一捶,冷风刀一样刺破棉袄,冻得他浑身发木。当操作流程全部结束,他已经在冷风中坚持了三个小时,手都没知觉了。但经过几个月的扎实学习，他对脱硫装置的调试程序已经熟记于心了。此后解决低温电气安装、电器设备保温等问题，都落在了任维国等骨干员工身上。

"调试是我们的工作任务，不管遇到什么困难，我们都要有解决的办法，这是责任！"他这么要求员工，也这样要求自己。因为这份责任，在困难面前从不退缩。2006年底，任维国负责新昌电厂脱硫装置调试，了解这一情况后，他深感自己面临的是一个跨行业、跨专业的技术难题。但是他没有退缩，而是与项目部专工、分包施工人员一起，潜心钻研，摸爬滚打，经常加班到深夜。管道不通，他们就一根根管道查找原因；浆液浓度不达标、石灰石和电石渣的混合比达不到要求，他们就反复做试验。终于经过反复试验和研究，终于找到了解决的方案。他们在容易堵塞的管道口加上滤网，解决了电石渣混杂的粗颗粒煤炭渣堵塞管道的问题，又通过调节水温，一点一点试验，解决了一直难以解决的浆液浓度不达标的问题。历时近半年时间，顺利完成了调试任务。

"他是一个以企业诚信为第一的好员工。"不管什么时候，只要公司需要，他从来没有退缩，没有犹豫过。然而这样一名好员工，却因为长期工作压力与辛劳，染上了重大疾病。即便是病了，他也没有停下工作，因为心中记挂着责任！

2011年，刚刚35岁的任维国却患上了重大疾病，但当他听到远达公司调试任务重，人手十分紧张后，毫不犹豫地拖着病痛的身躯奔赴工程现场展开工作。当离地3、4米高的罐顶磁板阀，分包单位的调试人员调了多次都没有调好的情况下，他毅然爬上罐顶亲身调试，忍着剧痛，最终完成了任务。看到系统根基调试正常后，他才答应回院看病。

任维国手术过后，恢复得很好，大家都期盼着他重回岗位，再建新功。

 故事启迪

年龄不大，官不大，做的事情也不大，但令人为之动容！工人阶级

是社会发展的中坚力量,自古以来有着伟大力量的队伍,在每个不起眼的角落都有他们在闪闪发光。处在新时代,新设备需要新技术,他与新旧交替的设备技术赛跑,一心想走在技术的前沿,掌握技术,做调试专家,他做到了;处于新环境,从南到北,他与季节赛跑,即使狂风肆虐,也不过是适应过程,他做到了;这一次,处于病魔中,他与生命赛跑,胜利不是神话,他也一定能做得到。面对困难,勇士从来都不会选择退避三舍,而是迎难而上。

4. 一个工人的责任和担当

曾先后获评全国五一劳动奖章、"全国技术能手"、河南省"十大能工巧匠"、河南省"五一"劳动奖章获得者、河洛大工匠、最美洛阳人的谭志强,是中信重工机械股份有限公司关键设备、目前全国最大的XKAU2890×300数控龙门镗铣床和XKAU2765×350数控龙门铣床机长、班长、高级技师,"谭志强大工匠工作室"负责人。他掌舵"大国重器",是中信重工关键设备、国内最先进的9×30米数控龙门镗铣床和6.5×35米数控镗铣床的机长、党员、班长,常常要在三层楼高的机床上,精雕细琢出二分之一根、甚至四分之一根头发丝的精度,被戏称为在"大块头上秀细活儿"的超级工匠。连续六年被公司授予"劳动模范"和"模范共产党员",是挺起中国工业脊梁的大国工匠,更是一个具有家国情怀和责任担当的普通员工。

谭志强个子不高,一张可亲的娃娃脸,貌似不起眼,但只要站在工作台上,开动机床,却俨然一位指挥若定的大将一般。连续两年、八个季度获中信重工关键机床创纪录奖,所在机床累计完成加工工时53373

小时，个人完成工时 13398 小时，超额完成个人考核工时 8988 小时，相当于两年完成六年多的考核任务量。创新 11 个先进操作法，带领"大工匠工作室"成员，主动承担公司重大技术攻关项目，解决关键技术难题 19 大项，为公司创造价值 1280 多万元。

2017 年 4 月 22 日，谭志强带领团队刚刚完成了西门子日照钢铁精品基地（ESP）项目 5 号轧机生产线最后一件产品——轧机驱动侧机架的加工。客户监理和公司质检部门联合检验合格后，谭志强长长地松了一口气。

西门子轧机机架，动辄上百吨。然而，这个重达上百吨的大活件上，一个孔的精度却要控制在 0.02 毫米内，也就是少半根头发丝粗细。在"大块头"上"绣细活"，让很多人望而却步。谭志强却一口应承了下来。每件西门子项目机架上都分布着几十个螺纹孔，孔径从 M24、M30 到 M36、M42 大小不一。为了保证加工精度，工艺要求用铣刀一点一点地铣孔、扩孔，每个孔需要半个小时才能加工完毕。且由于孔径大、铣刀小，极易造成震刀、磨损刀具，还会对机床精度造成重大影响。

这么宝贝的机床，这样干活，他看在眼里，疼在心上。再加上加工效率低下、工期无法保证，谭志强再也坐不住了，他提出可以直接用丝锥攻丝、一次成型。然而，工长却迟迟不敢拍板。因为用丝锥攻丝，0.02 毫米的精度极难保证。

"艺高人胆大"、敢想敢干的谭志强却认准了这个思路、较起了劲。他带着团队采用进口肯纳丝锥，在边角料上不断尝试、不断改进。经实际应用，他们采用丝锥攻丝、一次成型，仅用 10 分钟就能完成一个螺纹孔的加工，效率提高两倍以上。

终于，从 3 号线开始，到 5 号线结束，花了近两年时间，谭志强和工友们在精度要求极高的西门子轧机项目上呕心沥血、费尽心思，终于完成了这项极为艰巨的任务，不负自己的使命，他们颇为自豪。

大国工人的故事：让你感动到落泪

中信重工为紫金矿业生产加工的Φ11×5.4米双驱半自磨机，是目前世界上最大规格的半自磨机，筒体直径11.58米、高5.4米，属三分之一结构。需要加工198个Φ60的端面孔、6个M56×90的螺纹孔，且加工点分布在11.58米的圆周上。宽面任务也落在谭志强和工友们身上。

直径超出机床宽度极限，加工难度极大。谭志强和技术人员反复研究，决定以机床定中心，放地样，用610毫米高的地梁把活件垫高，使筒体高出走台，让筒体最大限度接近主轴，把地梁找正在0.2毫米之内，让筒体尽量放平。将孔线分成6等分，把线引导到下端面，据此确定每次转位时的位置，保证6次能把孔干完，对比常规加工方法提高效率1倍多。

攻克川崎重工深度达400毫米的大齿圈销孔的加工难题时，谭志强变换思路，自己设计制作出了一把长度达400毫米的新精镗刀，成功解决了接刀带来的震刀问题。这把精镗刀加工后的销孔，具有了统一性和规范性，开创了省掉单配连接销工序的先河。

N2064的大型减速器机体为焊接件，前期是镗床加工，由于在加工过程中活件变形，导致关键部位轴承孔的平行度、位置度都发生了变形，达不到图纸工艺要求，成为加工中"拦路虎"。厂领导把活件交给了谭志强进行二次加工。他经过反复研究，大胆创新，用数控龙门铣床替代镗床加工机体，成为公司首创。

在长期的实际加工中，他还独创利用数控龙门铣为钻床工序"点豆"，加工磨机筒体、端盖端面孔方法，解决了钻床加工低精度、组装后孔错位的问题，省去了产品试装工序，也节省了大量返修费用。如今，"点豆"加工法已在全公司范围内得到普及和推广。

谭志强仅有高中学历，却在工作中学习，在学习中成长，从一个高中生成长为生产骨干、高级技师，再到金牌首席员工、大工匠，最终成为全国和河南省"五一"劳动奖章获得者，河南省"十大能工巧匠"，连续6年被公司授予"劳动模范"和"模范共产党员",中信重工"金牌首席员工"、首批聘用的"大工匠"。

在自己的岗位上创新创造,靠技术创新解决技术难题、提高产品质量,靠创新先进操作法提高工作效率,作出了惊人的成绩,但他却把这一切看成理所当然。"我在这个岗位上,做好就是我的责任。"这就是他的情怀。

 故事启迪

在中国制造的大军里,在中国工业的战场上,有太多像谭志强一样平凡又伟大的工人,用自己的奋斗书写着新时代工人的家国情怀和责任担当。正是由于这些新时代的榜样在奋斗路上的勤勤恳恳,坚守岗位,坚守责任,执着努力,深深感动着身边的人。他们用自己的行为诠释了新时代工人的内涵,树立了新时代工人的榜样,展现出了"大国工匠"的精神和品格。

榜样具有无穷的感染力,我们应该看榜样、学榜样,以感动变带动、化感动为行动。许多人在枯燥的岗位上缺乏饱满的热情,在单调的工作中不能投入百分之百的责任心。大国工匠们这种责任和担当,就是最好的榜样。学习他们,由点带面,一点点升华,让普通的工人感受到工作的光荣,责任的重大,中国工业就会收获更强大的动力,助力中国工业发展全面提速。

 ## 5. 责任面前,危险算什么

空军行业中,有一个特殊的职业,叫做试飞员。试飞员是飞行员中

的一种,飞行员中的"王牌"。试飞员要从飞行员里百里挑一。作为试飞员,在速度与激情之中,既要帮助设计者完成对飞机性能、人机界面的改进调试,还要有超出常人的心理素质。首飞面对的是由设计图纸变成"飞起来的机器"的探索,是荣誉,也充满危险。一般人原地转几圈都会晕,被世界航空届誉为"死亡陷阱"的尾旋,则是飞机沿三轴无规律失去速度在空中旋转。一位叫孔翔的老人,从事的正是这份工作。为什么称之为老人?因为他已经65岁了。

65岁,很多人早已退休,陪着老伴买菜,接送孙子上下学,过着轻松悠闲的日子。然而他还在工作,还在天上飞。这不仅因为他热爱这份工作,更因为他对国家、对岗位的一份责任心。孔翔16岁就是空军飞行学员,18岁开始当飞行员,小鹰500型、海鸥300型飞机首飞试飞员,运5B飞机的新机试飞员,驾驶过国内外13种机型,飞行生涯已有48年,累计飞行9080个小时、23000多个架次。60岁之后更是创造奇迹:2013年,63岁的孔翔完成世界第一个电动力双人轻型飞机的首飞;2014年,64岁的他首飞领世AG300。

1990年,孔翔从部队转业到石家庄飞机工业公司。2003年,52岁的他第一次试飞新机型——小鹰500。

2005年3月15日,小鹰500飞机进行尾旋科目试飞,孔翔和一名外籍试飞员成功完成了46个尾旋的进入和改出。试飞结束后,外籍试飞员郑重地说:"中国从此有了自己的民机尾旋试飞员了。"面对这个充满危险的职业,孔翔心里从来没有害怕二字,"也没啥可怕的,怎么着也比当年莱特兄弟的危险小很多吧?"这是他安慰自己也说给别人的话。

新机型的试飞异常复杂,孔翔参加了所有的一类风险试飞科目8项,二类风险科目2项。飞机失速和失速动态、空中关闭发动机再启动、无动力滑翔比、尾旋试飞,孔翔填补了我国小型单发民用飞机试飞史上的4项空白。海鸥300水陆两栖飞机机型别致,发动机高置在机身上部，飞行操纵难度大。2010 年，孔翔完成了 3 架飞机飞行 98 小时 205 架次的试飞，使这个我国首架具有完全自主知识产权的轻型水陆两栖飞机成功面世。

民机没有跳伞设备，即便带了降落伞，三四千米的飞行高度，从反应、离机，需要一定时间，基本上打开降落伞的时候，高度已经无法完成安全落地。但是，一个新机型的诞生，这样的危险必须要有人担当。作为一名特级飞行员，孔翔没有任何犹豫地站出来。每一架新飞机都没有现成的操作手册，要严格控制动作节奏。孔翔说："跳伞逃离是每一个试飞员都不愿去做的事情，因为那意味着失败。"有人说这是拿生命冒险，可是总需要有人去冒险，才能推进飞机的完善。

如今，小鹰 500 成为大量使用的轻型多用途飞机，运 5B 是目前国内通用航空领域数量最多、年作业量最大、适用领域最广的机种，领世 AG300 是首款具有自主知识产权的全复合材料涡桨公务机。近些年，适用于不同领域的飞机不断研发成功，带动航空工业和其他相关工业快速发展。而这些新机型的诞生都要进行上百次的飞行，正是孔翔他们，做出了杰出的贡献。

"只要身体允许，我愿永远飞下去。"这不是豪言壮语，这是对自己的承诺，也是对国家的承诺。

 故事启迪

65 岁，早已不年轻了，很多人已经在安享天伦之乐，但他却还在飞，还在做着其他人不敢尝试的工作。这是一项风险率百分百的工作，这是一项要求高度的责任心和敬业心的工作，这更是一项极为辛苦的工作，他却一飞就是 48 年。按一年飞一次计算，他经历了 48 次命悬一线的考验与尝试，但他的飞行架次是 23000 次！48 年，平均每年 479 次，也就是每天超过一次！这是种什么样的生活节奏？有人开玩笑说，那就

是心从来没放下过,都是悬着的。是的,他每天都是过的这种日子,因为谁也无法保证在试飞中不出问题,而一旦问题出现,便是致命的,毫无生机可言。且不说帮助设计者完成对飞机性能、人机界面的改进调试,光是这份勇气与胆量,已足够竖起大拇指!如果没有强烈的爱国主义精神,没有敢于担当、勇担责任的精神,是万万做不到的。

第三章

热爱本职，敬业有为

一个优秀的工人，一定是爱岗敬业、兢兢业业的。他们不会因自己的工作普通而放松要求，更不会因为自己的职位低下而改变态度。任何时候，他们都对自己的工作充满了热情，都渴盼在自己的岗位上做出一番业绩。哪怕默默无闻，也会孜孜以求，把所有的精力都倾注于工作，并最终做出了令人瞩目的成绩。他们卸下工装，就是一个普通人，一旦投入工作，他们就是战无不胜的勇士，就是岗位上最闪亮的招牌！

1. 任劳任怨的"管家婆"

带着安全帽,拿着手电筒,在轰隆隆的机器旁巡视;猫着腰,躬着身在设备之间来回穿梭;挺直身板,全神贯注,在花花绿绿的屏幕前目不转睛。这个时时处于忙碌状态的人,是中电国际姚孟第二发电有限公司一单元二班单元长徐建峰。

参加工作28年来,他从一个腼腆小伙子成长为公司最重要的员工,成为能够独当一面的单元长,是他默默为企业奉献,勤奋踏实努力肯干的结果。"干工作就要兢兢业业,尽心尽责",正是这种责任心激励着他始终向前,从不懈怠。28年来他荣获过全国五一劳动奖章,河南省劳动模范荣誉、河南省电力系统先进生产者、平顶山建市50周年"兴市模范"、姚电公司劳动模范、姚电公司建厂40周年"姚电功臣"等多项荣誉称号。而他那吃苦耐劳、爱岗敬业、尽心尽责,深深扎根一线班组的电力情怀从来没有改变过。

作为电力生产一线单元长,面对的都是具体的日常事务,十分繁琐,但徐建峰总是认真对待,力求完美。在工作上,他的细心和耐心是出了名的,"他从来不打马虎眼,不怕繁琐。对每项工作,都细心审核、把关,确保任务都按要求完成。班上有什么脏活、累活,徐建峰总是冲锋在生产第一线。灰管堵,敲管能看到他的身影;调门卡,他亲自拿着扳钩上阵;灰浆泵故障,在泥泞的灰沟中,大家依然看到的是他熟悉的背影。在工作中他总有使不完的劲,总不知疲倦,哪里工作忙,哪里就能看见他的身影。"工人们这样说他。

因为爱管事,徐建峰被大家称为"管家婆",总有操不完的心,每件事都亲力亲为，闲不住，但职工心里很清楚，他是怕大家太劳累，找各种理由来帮大家分担，他是在带头干好每一件工作。"电力生产是一件事一件事干出来的，不是靠嚷说出来的。电力安全生产，责任重大，不需要夸夸其谈，需要的是认真细致，踏实奉献。"敬业就在于日常每一件小事的完善中；奉献，在于工作每一细节的认真里。他这样说，也这样做。

有很多人都认为，掌握了一技之长就应该是自己的工作秘笈，如果大家都掌握了，岂不是显不出自己的本事了？所以很多师傅在教徒弟时都留一手，这在各行各业都不是秘密，但徐建峰从来不这么想，在他看来，电力生产容不得半点马虎，现在企业讲求减员增效，人员本身就少，班组是一个团队，如果在技术方面再有所保留，出了事故谁都难辞其咎。他宁愿徒弟比自己懂得更多，会得更多。

"创建学习型组织"的思想始终贯穿于徐建峰的管理和工作中，每周他都抽出时间主持班里的技术、安全讲课。技术课上，对工作中遇到的各种疑难问题，都拿到这里讲解，让大家共同讨论，找出最合理的解决办法。在他的带领下，以理论和实际相结合，班组职工的安全意识和业务技术水平不断提高，"精一、通二、会三"一专多能的复合型技术职工不断涌现。当然为了起好带头作用，他自己也从来没有间断过学习。原本是电力技校毕业生，通过自学，他拿到了郑州工业大学电气、热动两个专业的大专文凭。在他的影响带动下，整个班组呈现出努力学习理论知识、刻苦钻研岗位技能、踊跃投身技术创新活动的景象。

二十多年的工作经历使徐建峰积累了丰富的经验。集发电运行机、炉、电三个专业技术为一身的徐建峰，认真做好着"传、帮、带"工作，带头将自己学到的技术知识毫无保留的进行分享、传授，培养出一批又一批优秀的技术人才。在担任单元长的12年里，从徐建峰班里走出了2位中层干部、4位专工和3位值长，看着自己带出来的徒弟一个个成长进步，徐建峰是发自内心的高兴。

故事启迪

任劳任怨、不计得失、感恩知足、默默奉献的他，可能没有惊天动地的故事来感动周围人，但是他的每一天都是热情的，都是忙碌的，都是值得我们学习的。就像他的同事们形容的一样：他是夜晚的繁星，虽然没有太阳耀眼，但却一直在闪光。

我们身边有很多如徐建峰一样的人，任劳任怨，不计得失，甘当老黄牛，在自己的岗位上默默奉献。他们坚守在自己的岗位上，像针一样扎在工作中，一扎就是一辈子。也许工作多年没人关注，也许付出从未得到过肯定与认可，也许从来没有做出过让人刮目相看的大成就，但他们从不气馁，因为他们热爱自己的职业，舍不得让自己的工作有半点马虎与不负责任，无数企业里正是有这样一批老黄牛，才屹立不倒，才欣欣向荣。

2. 热爱工作才能干好工作

在中国有一个"早穿棉，午穿纱，抱着火炉吃西瓜"地方，它是中国第六大沙漠——新疆库要塔沙漠。这里极寒酷热，这里人烟稀少，河北电建一公司的建设者们，在这里建起了电厂——哈密电厂，国投哈密电厂项目部总工程师姚中东就是他们中的一员，他们为这里送来了光明，就这里扎根。

2014年，为了实现哈密电厂一年双投的目标，姚中东率领大家克服了工期紧，人员少，施工环境恶劣，夏季高温等众多因素的影响，在项目部各级领导和员工共同努力下，克服了重重困难，取得了1号机组168试运顺利移交投产和2号机组吹管结束的好成绩。2014年，他被评为河北电建一公司"建功立业标兵"。

2014年，哈密的两台机组要同年发电移交投产，是项目施工高峰期。姚中东认真履行自己的岗位职责，努力工作，带领大家为移交投产始终坚守在一线。现场组合和吊装工作量大，输煤栈桥和两台辅机空冷塔以及输煤设备除灰设备等都要进行现场组合和吊装。为了满足施工要求，节约机械费用，姚中东与项目各领导详细论证方案，选择合理吊车具以及进场时间，确定最佳的辐射能布置方案。在输煤栈桥钢结构吊装施工中，制订合理的吊装方案，选择合理的吊装机具，制订吊装计划。哈密项目输煤栈桥钢结构有两段C1C段和C5段，属于架空段，分别在厂区和厂区外。由于长度较长，吊装钩数多，重量大，吊装风险多，施工道路窄，运输困难，造成工期紧张。

为顺利完成吊装工作，姚中东每天和施工人员碰头，确定当天天气，根据天气决定工作安排，并进行详细交底，确认吊装的每个细节。吊装时又遇到风季，每天吊装前都要查询天气状况，寻找阵风间隙，尽快吊装。对已经吊装就位的钢结构仔细检查，确保在刮风期间保证安全。经过认真合理的安排，过程中的各部门检查监督，使得栈桥吊装工作安全顺利完成。

辅机空冷塔安装是姚中东第一次接触，为保证安装顺利进行，他会同技术人员施工人员一起仔细看图纸，积极咨询厂家，确定合理可行的施工方案，在组合场进行冷却三角的组合试压，然后运输到现场进行吊装，使得两台辅机空冷塔顺利完成安装工作，期间与输煤栈桥的组合和吊装一起合理使用吊车，保证吊车的满负荷运转。

1号2号机组试运期间，按照业主节点要求，制订每天的调试计划，督促调试人员近期完成，不管当天多晚都要完成当天的工作安排，并且以调试促施工工作的快速发展。因为施工条件业主协调拖后很多，

造成电缆通道形成晚,给电仪专业工期压力非常大,输煤系统、辅机空冷塔、空压机房、除灰程控等电气仪控专业的工作非常紧张。为满足业主吹管和整套的时间要求,每天盘点试运计划完成情况安排第二天的试运计划,以此督促施工进度,协调施工的轻重缓急。调试高峰期,他们克服了施工与调试同时进行造成人员紧张,高温大风天气等不利因素的影响,经常连续每天工作十几个小时。确保了附属项目满足1号机组吹管和整套试运工作。

在试运期间,为保证资料齐全与完整,姚中东与质量部和工程部积极组织资料移交的工作,确定资料整理移交的分工和时间要求,将各项任务明确到人,在试运的间隙督促资料移交的正常进展,积极解决出现的问题,为资料顺利移交业主和公司做好过程的控制。

故事启迪

衡量一个人是否热爱本职工作,只要看他对待工作的态度。一个对工作认真负责,绝不容许出现差错的人,一定是一个热爱本职工作的人。在他们的字典里,从来没有"差不多",更不会有"将就"。以严谨的态度对待工作,要求自己做到细致、完美、精益求精,不仅是道德情操,更是一个人的爱国情怀。即使自己做的只是微不足道的小事,也能够认认真真。空谈误事,实干才能兴企。实干并不是要干大事,干别人做不到的事,而是将小事做好,将本职工作做到无人能替。姚中东就是这样,虽然从来没有在口头上说过"我要爱岗敬业,我要努力工作"之类的话,但是工作从不打折扣,从来都是高质量、高效率的完成。

3. 检修班里的"枪王"

今天我们讲述一个"枪王"的故事。这里的"枪王"不是部队里的特种兵，也不是射击能手，他是上海吴泾电厂热工检修部 FSSS 班班长，所谓"枪王"，是指他手中的焊枪。

他叫华桂斌，一名工作了二十年的普通的电焊工。2012 至 2013 年度股份公司"先进生产者"获得者。

他不停穿梭在锅炉的四角，老龄化的设备之间；他在抢修中创下了一天拆除 6 整套油枪及火检设备的记录；他被誉为"最受甲方欢迎的乙方"；他是职工家属心中另一个儿子，为他们带去温暖……从一名普通的作业手，成长为技术骨干，他的优异成绩受到同行的一致好评，并获得了不少荣誉，但他依然如故，每天默默工作，默默付出。但是他的行为早已感动无数人，在人们心中，他早已是英雄，是斗士，是楷模。

说话轻声慢语，做事细致入微，这种外形让人很难把"枪王"强加于他身上，一旦到了生产现场，却陡然一变，"枪王"本色便显现出来。在吴泾电厂#11 机组的 A 修现场，华桂斌一人一天完成了 6 整套油枪火检设备的拆除工作；在阚山#1 机组检修过程中，又是他独立完成了 36 支火检探头从拆卸、检查、更换的所有流程……扎实的技术、严谨的态度、勤恳的作风，赢得了众人的交口称赞。华桂斌对工作有股狠劲，不管什么事，再大的困难他也会迎难而上，他也会找到最佳的方法。

在阚山电厂，大修开始前，现场电梯发生了故障，近百米的锅炉，扛着几十斤的备品备件上下，同事们都感觉吃不消，想等电梯修好后再

041

开工,但是华桂斌却不同意,因为他知道,与甲方签定的合同是有时间期限的,如果不能在期限内完成就是毁约,即使电梯故障不是他们的主要责任,但毕竟耽误了工期。这不仅影响了对方,也影响到了自己企业的声誉。所以他带头扛起设备爬上楼梯,同事们见他这样,也不好再说什么,一个个开始干起来。事后华桂斌衣服湿透,双腿像灌了铅似的,但他稍作休息,就又投入了工作中。最终热工专业的检修任务不仅保质保量地通过验收,甚至工期还有所提前。通过这件事,人们看到了华桂斌身上那种责任意识与苦干精神,也都从心里认定他是一个能干事,干好事的带头人。

作为电厂自动化程度最高的热工部门,华桂斌所带领的 FSSS 班更是以涉及的保护多,设备程控性能强著称。按理他的班应该是最不可能出错的,最安逸的,但是华桂斌不这样认为,他觉得电脑逻辑固然可靠,但日晒雨淋暴露在外的设备和长期运行逐步老化的设备仍是有可能出现缺陷的。本着"事故来自隐患积累,消除隐患就是避免事故"的理念,他认真安排每天的巡检任务,凡是遇到他巡检设备,同事都会笑言:"'枪王'要变身'啄木鸟'啦。"有时甚至会打个小赌:"赌赌看,华班长今天要检查多久?能查出几条问题?"这些虽然是玩笑,可是华桂斌的抠细节、追求完美的劲儿真的是令人信服的。他不仅对现场设备的各项数据了如指掌,还能根据多年经验对设备运行做出部分预控,保证设备健康运行。

在工作上,他是钢铁战士,他用实际行动谱写了电力人的平凡与伟大。

 故事启迪

所谓爱企如家所表现出来的工作作风与精神状态,在华桂斌身上全能看得到。爱它就是愿意为它付出,爱它就是想要把它打造得更加强大。热爱我们的工作就是从小事入手，从每一个可以为企业作贡献的事情入手，哪怕这些事情是最辛苦，最累的也不怕。从早到晚，从白到黑，哪里有任务，哪里就有他。他做的事情可能并不大，但那些看似简单而平凡的工作其实做起来并不简单，也正是这些小事在日常工作中磨砺了他成就大事所必备的坚韧品格。之所以受欢迎，当然是因为工作能力出类拔萃。枪王的秘诀就是做了再做，练了再练，不经历风雨，怎么见彩虹？脚下每一步都走得艰辛，心中却每一刻都敞亮。"舍小家顾大家"是他的想法，也是他的行动。

4. 精益求精的模具"达人"

在纪元电气集团有限公司，有一个远近闻名的模具"达人"，在岗位上摸爬滚打30年，工作严谨认真，以精益求精的精神不断开拓创新，已拥有多项国家专利，其中断路器捆绑式动触头专用安装工具和多工位冲压模具，获得国家发明专利；手车式断路器框架焊装平台、接地开关底架、加工触指的专用工具等五项，获国家实用新型专利。他就是纪元公司工艺装备部经理周建明。

1990年，年仅18岁的周建明学校毕业后，进入纪元电气集团有限公司，成为一名车床操作工。说起入行的初衷，他说当时的想法很简单，就是想学得一技之长。在车间，他从最基础的工作做起，铣床、刨床……这些岗位他都干过。他勤学肯干，又爱摸索，很快掌握了岗位技能，铣床、刨床、磨床、钻床等不同工种的加工技能，都非常出色，成为厂里的技术能手。

后来厂里开始自主研发模具，23岁的周建明第一次接触模具制作。

由于他对车间各工种都很熟，所以派他跟着设计的师傅学。为更好地掌握技术，他常常利用休息时间，学习模具设计、机械识图、绘制草图等。"师傅领进门，修行靠个人"，周建明不断结合工作经验，翻阅学习资料，边看书边操作边摸索，经验越来越多，问题越来越少，技艺越来越精湛。2011年，周建明接师傅的班，独立进行模具设计、制作。他对产品的要求极高，精益求精，半丝半毫的瑕疵都不允许有。每个产品都有不同的设计图纸，一开始就要全面考虑，每套模具里的每个零件都要精准。在公司没有电脑和数控机床的时候，全都是手工画图，模具都在车床上加工。有时对特殊模具进行内部加工，孔又深又小，而且结构复杂，肉眼几乎看不到内部，还要制作梯形内槽，只能靠经验和耐心，一点点打磨。但周建明有耐心，他一点点打磨，一点点修正，一丝不苟，精益求精，不知不觉间，练成了模具"达人"。多项发明获得国家专利。公司开发的新产品真空断路器投产时，产品结构稳定性能无法满足技术设计要求，周建明就利用业余时间查找、分析焊接夹具存在的问题，结合自身的经验，设计制造了"旋转式焊接夹具"。这一研究成果获得了国家实用新型专利。过去公司生产隔离开关的铜触头，从铸造出零件毛胚到加工，需要剪、刨、铣、冲多道工序，不仅生产周期长，还容易造成有色金属表面磕碰，影响外观。周建明着手对此进行改进。他从工艺加工入手，利用旧车床改装铣夹具，进行模具创新，经反复研究，成功研制了一套成型的模具，开发了一条铜触头生产流水线。这一革新不仅改善了产品的外观、质量，还大大提高了生产效率，降低了成本。

如今，周建明是名符其实的模具"达人"，除了在办公室用电脑设计模具之外，在生产车间也有一张办公桌，上面摆满了模具的（半）成品，模具测量、打磨工具，大部分的时间，周建明都在这里潜心研究、打磨制作模具。

故事启迪

从一名普通职工到公司的招牌,他花了三十多年时间,从一名技校毕业的工人到业内技术专家,他花了十几万个小时!从年轻新人到两鬓斑白,为了那份热爱的工作,他愿意一生去守候。什么叫干一行,爱一行,专一行?周建明对工作的挚爱钻研就是最好的答案。一份职业对于有的人来说可能只是谋生的手段,但对于周建明来说,做好模具正是他的人生追求。没有什么比这项技术更能吸引他的眼球,没有什么比做好这项工作更重要。因为痴迷,所以才大有作为,因为热爱,才会不断探索,不断进步。

 5. 平凡岗位上的"螺丝钉"

陈明是中电投山西铝业焙烧厂一车间副主任。从2006年9月进入公司至今7年多的时间里,他从一名运行工走上车间副主任工作岗位,每一步都印证了他忠诚企业的奋斗履历。2011年1月荣获中电投山西铝业公司"2010年度优秀员工";2012年荣获山西铝业公司"2011—2012年度创先争优优秀共产党员";2013年荣获忻州市"科学技术进步奖应用二等奖"。

从外表来看,他不张扬,不高大威猛,实在是个平凡无奇的人。他的从业经历很简单,毕业后来到山西铝业,从操作工做起,一步一步成长为一名基层管理人员。他的话更为简单:"我就是'螺丝钉',我所做的一切,都是一名党员最基本的责任和义务。"所有的不平凡都起源

大国工人的故事：
让你感动到落泪

于平凡，所有的优秀都来源于平时自我严格要求，陈明也不例外。他全面负责一车间的生产管理工作，一个人挑起车间管理的大梁，为完善车间的精细化管理，他带领车间其他管理人员多次修订了车间的技术标准、考核办法等，在工作过程中互相学习、共同进步。可见一个人能否成功并不在于处在什么岗位上，而是在于是否在岗位上作出了贡献。

他是刻苦钻研技改项目的带头人。工作中，他始终用自己特有的韧劲感染着身边的每一位员工，带领着他们一步一个脚印向前迈进。焙烧二期试车期间，现场设备运行出现很多问题，在人员匮乏且经验不足的情况下，他每天在焙烧炉现场穿梭，结合在一期积累的经验及时解决二期试车出现的多项问题。2011年底焙烧平盘强滤液槽频繁出现打料不畅现象，经检查发现由于强滤液管管线长，落差小，造成管道积料形成结疤，他提出建议增加管道碱洗流程并组织进行实施，管道通过碱洗后彻底解决了强滤液走料不畅的问题。

2012年他带领车间员工投入到余热回收项目中，数不清的加班加点，反复摸索、试车、改造，6月20日一期焙烧炉余热回收项目圆满竣工并投入使用，每年可节约蒸汽用量22133吨，节省生产费用155万余元，解决了焙烧厂气态悬浮焙烧炉在运行过程中产生大量高温烟气，直接由尾部烟囱排放到大气中，烟气排量大，温度高，烟气余热回收未利用的难题。

2013年他通过实地考察，针对车间的问题点进行周密研究、翻阅资料定制改造计划，提出将现有的强滤液区直接并入母液区，使母液区扩大，将原来的二弱滤液区改为强滤液区的改造方案，按平盘年平均运转率85%、每吨蒸汽80元计算，此项改造每年可节约成本约239万元。

2013年针对AO输送皮带廊环境差的老大难问题他多次组织车间各班组开会、讨论、研究，最终提出在AO输送系统皮带机头增加回程皮带喷吹管的方案，此方案一经实施就解决了回程皮带带料问题，使皮带廊环境和员工工作环境得到了改善，解放了劳动力，受到大家一致好评。

　　作为一名基层管理者,他雷厉风行,奖罚分明。不断创新管理方法。他把车间的工作任务细化分解,尽力做到人尽其才物尽其用。他指导天车岗位成立安全生产示范岗并亲自挂帅担当岗位带头人,积极创新安全教育的形势和载体,围绕"人机料法环"安全精细管理重心,深入开展安全生产"三个巡视"、安全隐患排查、应急预案演练、安全知识考试、"我为安全献计策"等活动,使员工的安全意识、安全行为和安全习惯在潜移默化中得到强化和规范。以此为契点以点带面推广到整个车间。2013年一车间在隐患排查治理、安全培训教育、体系制度建设、应急体系建设等方面取得良好成效,安全管理水平得到了进一步提高,且未发生一起安全事故,安全隐患整改率达到98.1%。生产组织中他把生产指标横向细分到班组、纵向细分到个人,坚持人人身上有指标、人人身上担责任,2013年一车间氧化铝一级品率达到99.94%,天然气单耗完成84.868Nm3/t.AO,与往年相比均有较大幅度的改善。他积极推进班组标准化建设,设立为标准化试点班组,与班组员工一起重新梳理岗位职责并进行明确分工、精心制作管理看板开展阵地建设、组织开展多项技能比武活动……一系列的措施有条不紊的实施开展,不仅改善了员工现有工作条件,明确了岗位职责,更为重要的是增强了员工信任感和归属感。凭借无私奉献的品质、坚韧不拔的品格,他从别人觉得"苦"的工作中品味到了"甜"。

　　他是职工的贴心人。每次了解到车间员工和家属在生活上存在困难,他总是头一个站出来帮忙,热心为其张罗周旋。焙烧厂任香廷同志身患重病期间,他多次前去看望,了解到治疗过程中无力支付巨额医疗费用,他积极组织焙烧厂员工为其募捐,解决燃眉之急。对待同事关心倍至,但对自己,却很苛刻。为了不影响工作,孩子出生几个月他就把他们母子送回了老家,到一岁多孩子见到他时,已经是满脸陌生,不让抱,也不跟他亲。他知道,这一生注定是要欠下家人许多了,但是,他

无怨无悔。

　　他是真正的"螺丝钉",哪里需要就出现在哪里。他是工人中辛勤的代表。人们称他为圣洁的"银沙"锻造的最美的人!机器轰鸣不停,陈明奋斗不止,他这一生,将交付于这个岗位,直到燃烬。

故事启迪

　　刻苦钻研,做技改项目"带头人";严于律己,做管理的"有心人";心系群众,做职工的"贴心人",说到底,他只是个普通人!普通工人,从最平凡的岗位到今天的家喻户晓,他一路走来,观点从来不变——我就是颗螺丝钉!哪里需要,我就出现在哪里。我们身边不乏有作为的人,许多人一旦工作有了成绩或是有了荣誉便开始忘本,开始走相反的路。而他总是在别人觉得苦的工作中体会付出后的甜,所以我们称他为圣洁的"银沙"锻造的最美的人!事业的成功不在于岗位,而在于有为!个人的成功算不得成功,企业成功,国家发展才是真正的成功。

第四章

扎根一线，甘守平凡

"神舟"系列航天飞船成功发射；"蛟龙号"载人潜水器研制成功；ARJ21新型支线客机交付商用；长江三峡升船机刷新世界纪录……中国举世瞩目的巨大成就让全世界为中国喝彩，为中国鼓掌，中国人自己也自豪地竖起大拇指为自己的成果点赞。而这些伟大成就的背后，却是千千万万个扎根在生产一线、甘守平凡岗位的工人！因为有他们，才有中国工业的辉煌。

大国工人的故事：
让你感动到落泪

1. 最美的普通劳动者

　　大禹治水的故事已经是千百年前的事了，一说起这个故事人们还是对大禹称赞不绝。人们称赞他大公无私的品质，称赞他弃小家为大家的高尚品德。我们身边其实也有着这样的人，他以工作为重，"过家门而不入"，他不分昼夜的工作，家中大小事务完全没有时间管，就连妻子生病也只能在心里默默地祈祷，他就是周勇，中国建材集团所属西南水泥的一名一线职工。

　　2008年，周勇把刚满7岁的儿子托付给母亲，带着妻子离开工作多年的宝轮水泥厂，来到筠连。四川省产业结构调整，这里获准正在兴建一条5000吨新型干法水泥生产线，他打算在这里实现驾驭5000吨新型干法水泥生产线的愿望。令他没有想到的是，愿望虽然实现了，但他却离开了家，离开了母亲长达四年之久。

　　到了工地，周勇迅速加入到建设队伍中。有过工作经验的他深知，如果基础建设出了问题，日后将会给生产造成难以弥补的影响。白天中午，别人都在休息的时候，他还在工地上四处查看水平、标高，设备是否安装正确；晚上又和新员工们一起参加公司技能培训，和授课老师探讨新型干法操作技巧。凭着充足的干劲和饱满的工作热情，周勇很快得到公司的肯定，2010年，工厂建成之后被任命为烧成工段副组长。

　　5000吨新型干法水泥生产是一门新学问，没有人从事过这个项目的尝试。对于周勇来说，这个担子如千斤般压了下来。他心里明白，要操作好这条线，光凭一已之力是远远不够的，需要带动更多的人参与到其中来。设备是新的，磨合期的设备总是不断出现一些小问题，虽然不是很严重，但影响生产时有发生。对于这种情况，他时时守在现场，哪里有问题，他就出现在哪里。有一次，公司回转窑轴瓦温度升高，按照通常办法，必须停窑处理2天，损失大概60多万。但是周勇不愿意停窑，通过认真的分析原因后，他向公司大胆提出利用白厚漆处理，并自荐做方案实施的负责人。这个建议对于生产来说无疑是起作用的，至少可避免60多万的损失，但是在水泥行业内，很少有企业敢用这样冒险的方式。基于周勇工作能力的了解与现实的情况，公司最终决定让他试一试。得到批准后，他顶着炎热的"秋老虎"，站在回转窑旁边，每隔3分钟监测一次温度的变化。5小时后，对讲机里终于传来了中控操作员激动的声音："勇哥，你终于可以解放了，温度下来了，快找领导请客去。"这一实验成功，表明以后类似的问题都不再是难题！

设备正常了，公司又下达了新的目标：要在成本上做功夫，把成本降到全国一流水平，要攻克燃烧无烟煤这个难关。煅烧无烟煤的技术在许多水泥企业都不成熟，何况本地无烟煤热值比较低，难以达到熟料烧成要求。质控处的职工对这一决定持反对态度，但周勇却有信心将它做好。"只有试试看，不试彻底不能成功，试了还有一半希望。"

考虑到维持系统稳定，调节不能过于频繁，一般1个小时才能调节一次。为了得到准确的实验数据，周勇长时间守在中控室，关注着系统的变化。煤粉细度、水分、系统用风、煤枪角度、温度、熟料强度，他都一一记录下来，到最后竟然密密麻麻写了几大本。功夫不负有心人，本地无烟煤最终成功煅烧出了优质熟料。

大禹治水的故事是这样上演的。2013年春节，周勇终于坐上了盼望已久的回家的火车。他高兴地打电话回家："妈，我们快到绵阳了。"电话那头传来了母亲兴奋的声音："到了直接回家，过年的东西我都准备好了。"过了几分钟，公司领导打来电话："周勇，你赶快回来，系统出了点问题。"电话刚挂，领导又来电："到站后马上打出租车回来！"从领导焦急的语气中，周勇感到了问题的急迫。到了绵阳，周勇

大国工人的故事：让你感动到落泪

急匆匆出了站，边走边打电话回家："妈，我到了，但是厂里有急事，我得赶回去，今年又不能回家陪您过年了。"电话沉默片刻后，母亲失望地说："那好吧……"周勇转身踏上了千里之遥的返程车。

妻子小蒲一说起周勇心中就有说不完的怨气，说周勇不管什么时候都是工作、工作、工作！哪怕是儿子生病住院也还是放不下工作！

2011年4月，他们的儿子因为肺出血在华西住院。可把小蒲坏了。但周勇说预热器那段时间老堵，工人操作危险性很大，必须在现场守着，防止出事故，没有办法，小蒲只好自己请假去看儿子。儿子出院后想到母亲年龄大了，可能照顾不了孩子，夫妻俩就把儿子接到公司，在镇上上学。周勇长期在岗位上，送儿子上学的责任就落到小蒲身上。有时小蒲上班，就委托同事送。同事不方便的时候，小蒲就早早的把儿子送到学校门口，让儿子在那里等上十几分钟。小家伙也很懂事，每次有同学问他为什么不是爸爸送他上学时，他都说爸爸很忙，没有时间。

2011年8月，小蒲被诊断为阑尾炎，需要做手术。同事们都建议周勇请一回假，好好照顾妻子，厂领导听说情况后也劝周勇放假回去好好歇歇，陪陪妻子。大家都知道，自建厂以来，周勇从来没有好好休过假，这回算是赶上厂里稳定，妻子又生病，没有理由再不休息了。但周勇却不同意，他认为，厂里再稳，越是顺利越容易产生麻痹思想，他最清楚那些容易出现问题的地方。最终周勇还是放弃了休假，回家与妻子商量后决定让母亲陪着她回老家做手术，自己则留下来守住厂子。

公司检修，回转窑需要刮瓦，外委每匹瓦需要0.5万元，总共需要6万元。周勇向公司提议员工自己来刮，第一，能为公司省一大笔钱；第二，质量上更有把握；第三，员工也能得到实践的机会。每刮一次，就把瓦安上去看是否吻合，再放下来根据红丹磨掉的程度进行调整。挂完一匹瓦需要反复操作几十次。就这样，吃饭在岗位上，困了找块木板打个盹，虽然离宿舍仅几分钟路程，但周勇却7天7夜没有回宿舍休息，直到把瓦刮完。烧成系统的员工视周勇为"铁人"，因为他们从来没见过哪个人在岗位上连续工作七天七夜。

但是对于周勇来说，只要公司运转正常，加班根本算不上事。周勇所在公司使用的篦冷机是第四代，在水泥行业使用比较少，需要改造项目很多。为了节约成本，他亲自着手改造。每改造一个项目，他都要守到完工为止。有时候刚到家，又被叫到现场，去指导下一个改造项目。在同事眼中，周勇不仅是个技术能手，更是个爱岗敬业的好员工。不管是白天还是晚上，不管是半夜还是凌晨，只要有人请他指导工作，他一定会迅速到位。

然而铁人也有软的时候。作为党支部委员，经常找员工谈心也是周勇的日常重要工作。由于是新厂，应届毕业生比较多，思想比较活跃。工作稍有不顺心，他们往往会产生辞职的想法。为了解决这一问题，周勇决定在生活上关心员工，在技术上多指导员工，让他们既无生活之忧，又有一技之长，这样，大多数员工都因为周勇的努力而留下来了，部分上进员工还成为了技术骨干。尤其是烧成工段，从单机调试开始，利用设备故障时现场剖析事故原因，提多种解决方案展开探讨，员工的技术水平得到了大幅度提高。他们不仅熟练地驾驭了生产线，还实现了技术从"引进来"到"走出去"的突破，经常应邀到兄弟单位去进行技术指导。

 故事启迪

美有多种含义，外在的美是人们一眼就能看出来的，但是心灵美与行为美是需要长时间接触与了解才看得到的。当一个人被他人称为美的时候，他可能是外在的，也可能是内在的，而人们大多更喜爱的是内在的美。长期与水泥打交道，与水泥有关的机器打交道的人，他的外表不可能光彩万丈，但却被公认为是最美的人！原因只有一个，那就是他有最美的内在素质。大禹治水不是传说，他也曾亲自上演，虽让家人失

望，但工作顺利，企业发展兴旺足够弥补他心中的愧意。当一个人能力越来越强的时候，企业对他的依赖就越来越多，以至于企业离不开他，那些机器离不开他。既然离不开，那就用心守护，这是承诺，更是行动。

2. 在平凡岗位上绽放精彩

徐立平是来自航天一线的一名普通工人。工作是对固体发动机药面进行整形及缺陷挖药、修补等，具体来说，就是对装填有高能量推进剂的固体发动机燃料药面进行"微整修"。因为工作过程对精度有着极高的要求和危险性，所以被形象地称为"雕刻火药"。航天固体发动机药面精度允许的最大误差是0.5毫米，而他整形的精度可达到0.2毫米！0.2毫米到底是个什么概念？就是两张A4纸那么厚！

而徐立平这个"雕刻火药"的工作有多危险？一位专家这样形容："只要用一个小钢球顺着药面滚上半米，这些高敏感的药就会被点燃。而其燃烧温度高达数千度。"徐立平和他的同事们每天的工作就是用金属刀具在药面上修修铲铲，几乎就是在"炸药堆"里工作，意外可以说如影随形，随时都有可能发生。尤其是在发动机内部缺陷修补中，更需要操作人员钻进发动机内部进行作业，一旦发生危险，丝毫没有逃生的机会。

这样的任务，在徐立平三十多年的职业生涯里，已经历过太多次。第一次执行任务是1989年，我国重点战略型号发动机研制进入攻坚阶段，一台即将试车的发动机发现大面积脱粘疑点，为了不影响后续研制进度，专家组决定：就地挖药。这意味着徐立平他们这些火药"整形师"要钻进装着十几吨火药、翻个身都难的发动机狭小的药柱里,一点一点挖开填注好的火药,寻找问题部位,其艰难可想而知、危险不言而喻。当时,徐立平刚刚21岁,却勇敢地进入了突击队。

在狭小的空间里,浓烈而刺鼻的推进剂药味,已使人头晕目眩、恶心难忍,他们只能半跪半躺着用小铲一点点的抠挖。为防止用力过大引起强摩擦,每次最多挖四五克药。在这样高度紧张的状态和缺氧的环境下,为确保安全,规定每人每次在里面最多干上十分钟就必须出来,换人再进。就这样,如同蚂蚁啃骨头般,两个多月挖出三百多公斤推进剂,最终成功找到了故障原因。当经过修复后的发动机地面试车取得圆满成功的消息传来时,徐立平和队友相拥而泣。

而今,当神舟飞船遨游太空,当嫦娥玉兔的美丽神话真实"上演"并点燃中华儿女的自豪感时,徐立平也更深刻地感受到作为一名航天工作者的自豪。改革开放四十年来,我们国家在各方面都发生了翻天覆地的变化,包括航天事业在内所创造的一个个奇迹,令世人震撼。这些成绩的取得,与每一位劳动者的付出是分不开的,虽然每位劳动者的岗位不同,奋斗的故事不同,但他们身上所体现的精神"内核"却是一致的,在徐立平看来,这"内核"的最大共同点,就是爱国和敬业。

 故事启迪

作为一名来自航天一线的普通工人,徐立平所从事的工作,每天用金属刀具在药面上修修铲铲,几乎就是在"炸药堆"里工作,工作平凡却极为重要,岗位普通却十分危险。即便如此,三十多年如一日,徐立平兢兢业业,在自己的岗位上展现了时代的担当。

"爱国、敬业",这四个字无法用重量来衡量,无法用语言来表达,它只能表现在对工作执着与努力中。危险是任何人都看得见,都会害怕的,但是为了工作,为了航天事业的发展,总要有人站出来,总要有人

去冒风险。徐立平,他用执着在这个极具风险的岗位上书写人生最美篇章。因为他热爱这个职业,执着于这份工作,即使是21岁,人生最美的年华,他也愿意站在危险的最前面,为航天事业而出一份力。今天,中国的航天事业快速发展,无数让世人称赞的成就背后,是他和战友们在默默无闻地工作。"雕刻火药",不是每个人都能做好的工作,也不是每个人都愿意去做的工作,之所以能做到不超过0.2毫米的误差,不仅仅是防止危险,更是为了让祖国的神舟飞船飞得更高。

3. 甘守平凡的岗位能手

1997年从长春电力学校毕业的江涛,被安排到浑江发电公司发电运行岗位。运行工作单调、辛苦、责任重大,江涛清楚:要想干好这行,不仅要有扎实的专业知识,还要有强烈的责任感。他始终坚持"干一行、爱一行、专一行、精一行",处处严格要求自己,对工作认真负责,对不懂的——学习,所有的运行规程在手中已经不知道翻了多少遍,所有系统图也被他画得熟记于心。2005年,他以优异的成绩拿到了全能值班员上岗证书,并于2006年10月被任命为单控班长。

被任命为班长,江涛知道,除了肩上的责任更重,别无其他。但是他相信自己,一定能在这个岗位上干出名堂来。他坚持对班组安全进行严格管理,遇有重大和复杂的运行操作,他都事先布置好安全技术措施,现场指挥、重点把关,从而保证各项操作准确无误。在他的带领下,他所在班组在安全生产、经济运行等方面都取得了可喜成绩,连续多年无异常、无障碍,先后获得了本公司"先进班组""文明班组标兵"等荣誉称号。他本人连续多年被评为浑江发电公司"先进生产者"

"青年岗位能手"。

2011年，吉电股份提出了"以电量为生命线，争发抢发电量"的活动要求。作为运行一线班长，江涛一方面组织班员学习上级公司文件精神，做好宣传工作，使大家充分认识到没有电量就没有效益；另一方面带领大家分析影响发电量的各种因素，制订相应技术措施，对制粉系统精心调整，降低制粉单耗；采取合理的机组运行方式，降低厂用电率；对锅炉燃烧系统多方面进行调整，保证机组主要参数在规定值范围内，提高机组运行效率等。经过不懈努力，他所在班组在抢发电量工作方面走在了本公司前列，2011年他们完成抢发电量1000万度。

江涛是一名共产党员，"是党员就要起到党员的模范带头作用"，他时时这样提醒自己。2010年5月11日，运行中的5号灰泵至4号灰管路出口电动门后法兰漏泄严重，喷射而出的灰水直接冲向灰泵变频器电源控制柜。情况危急，如果处理不当不但会直接导致上百万元的变频器电源控制柜烧损，还会导致所有灰泵电机被水淋泡无法运行，进而造成正在运行的200MW机组被迫停机。紧急关头，江涛冲了上去，用身体挡住喷出的灰水，让水流改变方向。见江涛这一举动，同事们也纷纷拿着各种物件跟着冲了上去。冰冷的灰水呲在身上，冻得他们浑身发抖，却没有一个人退缩，坚持在灰水中奋战了3个多小时，最终在检修人员的共同努力下消除了故障、排除了险情，保证了机组安全运行。

像这样的事例在江涛身上经常发生。2010年6月13日，6号机组启动并网后，江涛发现汽轮机润滑油温上升较快，调整无效。他迅速组织人员对6号机组冷油器冷却水系统进行故障排查，排查过程中大量的循环水喷到身上，他不顾全身湿透，坚持工作在现场，交班后依然带领本班人员坚持工作，最终查出是2、3号润滑冷油器水侧入口门柄脱落，及时联系检修将该缺陷处理好，在润滑油油温恢复正常后他和同事们才离开现场，避免了因润滑油温高造成汽机轴瓦烧损，机组被迫停机事故。

在担任班长的5年中，江涛和班员共发现重大设备缺陷和隐患12项，妥善处理5次重大生产事故，多次受到公司的表扬和嘉奖，为公司安全生产做出了巨大贡献。

他到霍林河项目部后担任值长，岗位变了，需要学习的东西更多了，为尽快掌握好相关的知识，他白天在现场查设备、读资料，晚上总结整理记录，工作虽然忙碌但却很充实。

霍林河零下30多度的低温加上凛冽寒风，人们都躲在家里不愿出门。为了保障供暖，设备防寒工作就显得格外重要。启动炉因为设备老化经常出现各种故障，导致现场暖气经常无法正常投入使用。为保证设备不被冻坏，他们在机炉现场点起了几十个炭炉子，24小时不间断地维护，作为值长江涛带领全值人员砸煤块，烧炉子，倒煤灰，硬是靠辛勤劳动保证1号机组顺利度过严冬，没有发生一起因为人为原因造成的设备冻坏事故，得到了锦联电厂的高度认可。目前，锦联铝业1号发电机组已经顺利投产发电并稳定运行，2号机组正在紧张的调试阶段，江涛相信，只要努力，他和同事们一定能圆满完成霍林河项目部保运工作。

故事启迪

一个人在心里认定自己的工作就是事业后，他会"钻牛角尖"，他会容不得半点技术上的失误。所以无论环境如何，他都愿意冲在最前面，做第一个解决困难的人。做一件事情，得到别人的认可可能并不难，但每件事都让别人信任与认可，是需要经年累月的严谨工作，事无巨细地执着才能做到的。掌声和鲜花代表的是过去的岁月，未来还需要在前行的路上更加努力，让自己平凡的人生变得更加充实而多彩！只要付出百倍的努力，只要把工作当成自己的事业来做，就一定能做到完美。这就是普通工人在平凡上岗位也能书写美丽人生的秘诀。

4. 扎根一线的"技能大师"

王秀然是水电十四局鼎鼎大名的"技能大师",虽然是工作在一线的普通工人,但却是水电十四局的技术核心。2013 年,获"第二届昆明市名匠"称号,并成立了"云南省王秀然技能大师工作室";2014 年,获云南省人力资源和社会保障厅命名的"云岭首席技师"称号;2015 年,成为领取特殊津贴的云南省政府高技能人才。他组织完成的《大型发电机定子一次定位施工工法》,评定为中国电建集团工法,《一种用于测量发电机定子定位筋弦距的工具》,获国家实用新型专利。他还获得过中国水利水电建设集团"先进生产工作者"称号,在水电十四局荣立"一等功"3 次、"二等功"1 次、"三等功"2 次,获"优秀共产党员"称号 4 次,以及"先进生产工作者"、"管理创效二等标兵"等荣誉。这个在基层水电工作岗位上工作了一辈子的老水电人,是扎根基层、奋战一线的典范。

1977 年,王秀然从电力技校毕业后,进入水电十四局当工人,这一干就整整 36 年。从几千瓦的小机组到单机容量 70 万千瓦的大机组,他辗转于国内国外的山川大河,先后参加过 30 多座水电站的发电机组安装,从生产班组中的一名工人逐步成长为一名高级技师,也成为公司的技术骨干。

在仅有二三十毫米的狭小空间内,把 1000 多吨重的水轮发电机零部件,精确地吊装到位、调试好,确保正常投产发电,是王秀然的一项绝活。糯扎渡水电站地下厂房安装时,王秀然任总指挥。随着王秀然吹出的阵阵清脆哨音,两台 800 吨桥机将总重为 1337 吨的首台发电机转

子徐徐提起，缓缓移向9#机机坑。24名工人手持长4米、宽15厘米、厚2厘米的长形木条，分别蹲守在定子机架上配合转子吊装。头戴红色安全帽、嘴含指挥哨，目光犀利、神情专注的王秀然，就像一个指挥若定的将军，用他丰富的经验和高超的技艺，指挥着大家的行动。嘴中的哨音时而急促时而舒缓，在大家的齐心协力配合下，庞大的转子稳当服帖、分毫不差地安全就位于机架的制动闸板上！

看着似乎并不难，但实际上转子与定子的间隙只有3厘米左右，仅仅两根手指并起的宽度，下落过程中，稍有不慎就会发生碰撞、摩擦，轻者影响绝缘效果，重者则出现变形，其后果不可估量。王秀然说："发电机一个转子就重达1000多吨，不可能在工厂车间制造成一个完整的整体。零散件要运送到发电厂房现场组装，这个组装的过程其实就是一个再创意、再设计、再加工的过程。"这个过程需要的不仅仅是技术，更要经验。而王秀然无疑是经验最丰富的一个，因为在一线工作，这样的事情他处理过无数回。

2008年，缅甸瑞丽江电站发电机组调试告急，王秀然从小湾电站前去支援。当时，瑞丽江1#机组正在充水。当水压升至要求压力的80%时，机组出现了蠕动现象。对导水机构进行整体检查后，发现顶盖上浮量较大。王秀然根据经验分析，认为顶盖刚度不足而导致上浮，上浮又使导叶端面间隙增大而漏水，造成机组蠕动。采纳他的建议进行处理后，问题有效解决，保证了机组充水任务的按时完成。

在随后的机组启动调试中，转子的转速才到额定标准的50%，上机架的振动就达到了0.8毫米；转速达到额定标准的80%时，上机架的振动值更是高到了1.1毫米，严重超过了规范！停机后，经认真检查并没有发现机组存在什么设备缺陷。王秀然围着机组转来转去地琢磨起来，根据多年积累的丰富经验，他认定问题出在定子上，是定子的刚度不够造成的。听了他有理有据的分析，厂家驻场代表完全同意他的观点。对定子机座加固处理后，机组重新开机，上机架的振动值完全控制

第四章 ◆ 扎根一线，甘守平凡

在规范要求之内……

2010年，装机容量585万千瓦的澜沧江糯扎渡水电站进入机电安装高峰。机电设备座环加工时，王秀然亲自参与编写措施，按照每次进刀0.05毫米的规范进行加工，这是相当于一根头发丝的精度。加工完的座环，各加工面的同心度、光洁度、水平度均达到优良标准。水平加工面从厂家要求的接合面80%提高到90%以上，使座环与底环之间密封效果进一步提高，经冲水试验，滴水不漏。

10月份，7－9#机已安装完成的蜗壳，因设计变更需拆除11个管节进行返工，并要求100天内完成原蜗壳拆除、新蜗壳制作、安装、打压试验等任务，时间十分紧迫。

外形很像蜗牛壳的水轮机引水室，俗称"蜗壳"，王秀然在这蜗壳上做了一篇大文章。12月25日，首台机蜗壳返工进入第7节安装。原蜗壳形状是椭圆形，而后期重新设计的蜗壳是圆形，椭圆和圆形两节蜗壳相接时，局部错牙高达6毫米～10毫米。这对于蜗壳挂装、焊接来说是一大难题，如何才能将两个管节对接到最佳位置？4天3夜通宵达旦的技术方案研讨后，王秀然拿出了"采用预热、加温消除错牙"的处理方案。方案审定后，王秀然亲自组织实施。经过11天的昼夜奋战，两个管节的对接终于完成。2011年1月15日下午4时16分，首台机蜗壳打压试验一次性成功通过，现场一片欢腾……

在王秀然的带领下，7－9#机从拆除废弃蜗壳到蜗壳重新制作、挂装再到打压试验，只用了87天的时间，比原计划提前了13天。善于总结的王秀然，根据这次施工实践，组织编写了《大型不对称蜗壳的现场制造工艺创新》，获得了水电十四局2012年度科技进步二等奖。此前，他参与的《小湾电站700MW高水头大型水轮机埋件制造安装技术总结与创新》课题，荣获2010年云南省科学技术进步奖二等奖。

2016年，王秀然60岁，该退休了。但公司却离不开他，因为他是公司的技术核心人物。公司领导恳请他留下来，继续做好技术上的传帮

带。2013年成立的王秀然技能大师工作室，更是离不开他。这个工作室仅2014年就培养出水轮发电机高级工9人、中级工19人；2015年，培养技师2人、高级工14人、中级工13人；2016年，培养高级工25人、中级工11人……这样宝贵的人才，哪个领导愿意他离开呢？

 ## 故事启迪

很多人的梦想是出人头地，能轰轰烈烈干出一番事业。但也有人一生甘于平凡，在最不起眼的岗位上做着重复而单调的工作。但是他们的热情从来不减，他们的干劲从来不少。即使平凡，也要做最有用的那个！"一个人的价值应该是看他贡献了什么，而不是取得了什么。"很多年以前，爱因斯坦就为人的价值作了精辟的定义。作为一名一线工人，王秀然扎根在基层，钻研在基层，奉献在基层，成就也在基层。在自己的平凡岗位上做出不平凡的业绩，为企业、为社会作出自己的贡献，这就是他的价值。而这，不正是我们千千万万扎根基层的员工的生动写照吗？

 ## 5. "种"房子的年轻人

未来的房子是什么样的？在中国建材集团员工苏志雄的眼里，一定是绿色的。他要修的房子，"全部使用绿色环保材料，90%以上可回收；建筑节能75%以上；施工现场无噪音、粉尘、污水污染，施工速度快捷；防9级地震，可抵御12级台风……"这样的房子，正是他心心念念的绿色环保房屋。这种新型房屋是工厂化生产、现场组装，所用材料是新型建材，强度高，耐腐蚀，特别适合在沙漠、海岛以及地震多发的特殊地区建设。1980年出生的他，已经带领着他的团队，在内蒙古沙漠、北京郊区和非洲的赞比亚，建起了一栋栋新型房屋。他的这种绿色环保房屋的理念也获得越来越多的肯定。多家媒体专门报道过这个一心一意传播新型绿色环保房屋的年轻人。

苏志雄大学时学习的是土木工程专业，2008年进入北新建材公司从事新型房屋施工工作。五年间，从最初的项目助理，到项目经理，再到现在的国内项目主管，苏志雄付出了比别人更多的努力和汗水。

在内蒙古库布其沙漠中的响沙湾莲花酒店，就是苏志雄参与的环保房屋建设中最艰辛的一个。响沙湾常年大风，因风吹着沙子会唱歌而得名。夏天，干燥高温极易让人虚脱。冬天，哈气透过厚厚的口罩立即结为冰花。苏志雄和他的同事们在这里建设以新型环保材料组装的莲花酒店。

组装房屋需要爬上爬下，笨重的穿戴会影响作业质量，尤其是冬天双手还不能戴厚手套。

"一天下来，嘴里吃2两沙子，衣兜里灌2两沙子，洗澡还能洗掉2两沙子……"恶劣的气候，长期而艰苦的户外作业让不少年轻员工吃不消。2010年腊月二十四，该放假了，几个管理人员表示过完年就不来了，实在是太苦了。但在苏志雄的说服下，正月初九开工时，全员到岗，没有一个人迟到。苏志雄和工友们同工同寝，克服重重困难，终于组装成功了造型美丽、气势震撼的新型绿色环保酒店，一朵美丽的"莲花"在大漠中绽放开来。

2011年，公司签订了赞比亚4000多套新型房屋项目，作为技术指导，苏志雄吻别刚生产不久的妻子，怀揣着刚满月女儿的照片，飞赴赞比亚。施工现场，他一刻不停地巡视，如果发现某个细节做得不到位，立刻指出。对中国工人他会说："房屋质量代表中国脸面，不能给中国丢人。"对赞方工人他则用河北式英语说："不，不，这样做不对。"并

大国工人的故事：
让你感动到落泪

手把手地教，直到合乎标准。

除了技术指导，苏志雄还要验收材料，并指挥卸货搬运。这是他最紧张的时候，一遍遍的"小心""慢点儿"，提醒大家不要野蛮搬运。看到他小心的样子，有人开玩笑说："苏指导，你像爱惜眼睛一样爱护这些材料，可你对自己身体却一点都不爱惜，一星期也不洗一次澡，中午顶着太阳也要巡视，都晒成黑人了。"苏志雄笑笑不答。

两个多月后，荒芜的土地上一座座美观漂亮、整齐划一的房屋拔地而起，这种新型房屋在赞比亚受到业主的高度称赞。

随着北新房屋签订北京密云县石城镇的整村改造项目，苏志雄和他的团队将绿色新型房屋"种"进了密云县的这个偏僻小山沟。这是一个典型的山区项目，场地狭窄、时间紧、难度大，也是国内首例大型新农村整村改造项目。项目实施中，苏志雄制订了严格的工程进度和关乎工期进展的奖惩措施，对浪费材料、作业不达标等问题"毫不留情"。一期项目如期完工，吸引了社会各界前来参观，成为新农村建设的标杆。苏志雄在传播绿色房屋理念之路上又迈了一大步。

 故事启迪

在苏志雄身上，我们看到的是新时代工人的光辉形象，有了他们，中国工业必定会走向越来越辉煌的明天，有了他们，中国必将成为世界上拥有尖端技术最多、发展最快的创造大国！用青春和汗水奏响时代的凯歌，用忘我的精神写出平凡人生的伟大，这就是时代工人，这就是我们身边让你感动、让你敬仰的人物！

6. 企业里的"世界冠军"

周文涛是河钢集团邯钢公司三炼钢厂生产一线的操作工，一个在平凡岗位上的平凡人，他凭借高超精湛的岗位技能，一举成为一名"世界冠军"。

2016年12月1日零时，石家庄燕山大酒店，第11届世界模拟炼钢挑战赛中国赛区比赛正在举行。在历时24小时的比赛中，周文涛共完成模拟冶炼400炉，成功提交合格钢水100炉，以吨钢成本217.88美元的成绩名列中国赛区榜首，接下来的2017年4月11日，在紧张的2小时总决赛中，周文涛以炼钢成本甩开第二名3美元/吨之多的成绩，成功荣获第11届模拟炼钢挑战赛世界总决赛职业组冠军。

一鸣惊人！

但一鸣惊人的背后，却是数不清的汗水，说不尽的寂寞。正是舍得出汗、愿干肯干、执着坚守、勤学苦练，才让周文涛从一名普通的技术工人最终成长为顶级高手。

大学毕业后，周文涛来到邯钢，自此，他与炽热的钢坯结下不解之缘。刚到公司，周文涛被分配到三炼钢厂精炼车间，生产现场的艰苦曾让书生气的他产生退却的想法。周文涛一度想回到家乡当一名老师，过安逸的生活。在车间领导和同事的不断鼓励下，周文涛才慢慢平复心情，定下心来。

扎根一线，看似简单实则不易。随着三炼钢厂品种钢比例大幅增加，钢水钙线成为成本消耗大户。如何降本增效、冶炼出高端精品钢成为萦绕在周文涛心头的头等大事。周文涛主动开展技术攻关。那段时

间,他吃住在单位,每天除去睡觉、吃饭,其余时间几乎全扑在技术攻关上。付出终有回报。周文涛在现有工艺条件下,对实芯纯钙线加入量情况进行总结,设计出了纯钙线使用的详细控制方案,在提高实芯纯钙线命中率的同时,也降低了生产成本。

在品种开发试制过程中,周文涛参与每一炉钢的工艺试制方案,全程关注生产,为冶炼高端精品钢保驾护航。他先后成功组织冶炼了X80管线钢、耐磨钢NM400和低合金高强钢Q550D、Q690D等70个新钢种,确保公司品种钢兑现与产品质量提升。

作为无取向电工钢攻关组主要成员,周文涛与团队成员积极开展技术攻关,成功解决了无取向电工钢和钢水流动性控制难题,实现了单浇次17炉连续稳定生产。

把冶炼高端精品、炼好每一炉钢当做一种信念,周文涛在不断的重复中追求极致。他的技艺也在一次又一次重复的工作中得以不断精进,渐趋炉火纯青,"世界冠军"才得以轻松获取。

 故事启迪

简单的事情重复做,你就是专家;重复的事情用心做,你就是赢家。所谓成功之道就是,简单的事重复做、天天做,做到极致,成功就不远了。周文涛的成功就是最好的诠释。不要怕岗位平凡,也不必在乎工作的普通,不管多么普通的工作,用心去做,认真去干,把精益求精、追求极致当成自己的信念和追求,一遍一遍去干,一次又一次重复,在重复中熟练,在重复中精进,在重复中升华,最终,你就是成功的那一个。

7. 呵护煤矿生产"心脏"的"煤机大夫"

高兴亮,兖矿集团兴隆庄煤矿液压实验室组长,高级技师/采煤机司机一级,全国技术能手、全国五一劳动奖章、中国能源化学地质系统首批"大国工匠"、泰山产业领军人才、山东省首席技师、山东省有突出贡献的技师、山东省劳动模范、富民兴鲁劳动奖章,第一届、第二届百名感动中国的矿工等几十项荣誉称号,享受国务院特殊津贴。

采煤机是煤矿综采工作面的核心设备,就好比人的"心脏",它的运转状况直接影响到矿井的安全生产。对采煤机的调试维修不是一个维修工说干就干、所能胜任的,高兴亮就是这样一个呵护着矿井生产"心脏"的人。

到采煤工作面围着机器走一圈,就能发现少没少零部件;听一听采煤机运转的振动声,就能判断机器有没有问题;感受一下采煤机工作时的温度变化,就能预测设备的运转状态是否正常。

一般维修工从采煤机出现故障到准确判断寻找设备出现的问题,再到处理设备故障,大约需要八九个小时,而他仅仅需要三十分钟左右的时间,就能让井下采煤机重新"上岗"。

在长期的采煤机操作和维修中,高兴亮把机械、电气、液压三方面知识融会贯通,悉心解剖国内外设备,历经实践、自学、求教、再实践,创新总结出"二问、二听、四测量"故障判断方法,成功用于判断和处理采煤机摇臂的电控和无线遥控操作失灵、牵引电机频繁堵转等各种故障,被兖矿集团命名为"高兴亮维修判断法"。

强筋：从普通岗位上走出的煤机维修达人

1985 年，高兴亮技校毕业后，被分配到采煤队成为一名电气维修工。一年后，矿井引进了一台英国安德森 AM500 采煤机，那时液压牵引采煤机非常先进，矿井这方面的人才紧缺，踏实而又勤学好问的他被领导看中，调去参加厂家的岗前培训。一次课间，高兴亮发现英国专家手里拿了一张纵横交错、看上去像电路图的纸，好奇心促使他连说带比划的把纸要过来，盯着看了好半天，也弄不明白，他疑惑地问英国专家。两个英国人对视了一眼，不屑地说："这是采煤机液压系统原理图，跟你说了也不懂，不要问了。"

一句话刺痛了倔强不服输的高兴亮，他暗下决心："你们懂得，我一定要懂，而且要比你们强。"

自此，他开始更加刻苦的自学探索之路，自费购买了各种液压、机械方面的资料。对于刚刚技校毕业的高兴亮来说，学习难度可想而知。采煤机分电气和液压控制两部分，电气部分还好说，在学校里学过一些，可是对液压原理却是一窍不通。他没有退缩，从头起步，从零开始，边干边学，把每一次普通的检修都当作是新的起步。采煤机出现故障，他主动请缨，大胆尝试处理，井下现场解决不了的，上井后找旧配件动手拆卸，反复推敲、分析，直到弄懂、弄通。高兴亮说，那时候经常是白天黑夜连轴转，靠的就是一股韧劲。

"干这一行 30 多年了，看采煤机就像看自己的孩子。"高兴亮说，因为喜欢，所以会花很长时间去研究、去摸索，因此大部分时间都在车间和井下现场，与工友们在一起讨论、操作、比试、切磋，对采煤机的认识逐渐更加深刻，现在他的生活中已经离不开采煤机了。"习惯成自然，每天不到车间，不去现场看一看，看不到采煤机，总感觉缺少了点什么。"

与高兴亮共事多年的工友介绍说:"高兴亮身上有一股子不服输的拼劲儿,有一种昂扬向上的精神风貌,他坚持与班组员工同上同下,跟班跟点到一线,问题解决在一线,措施落实在一线,他的价值就是靠日积月累'一点点'铸就的,日常工作勤快一点,遇到困难奉献一点,帮助工友耐心一点,关键时刻挺出一点,危险时候靠前一点,技术难题革新一点。在工作的11600多个日日夜夜里,正是靠着不懈地坚持,才成就了他的今天。"

固本:采煤机维修的"老中医"

高兴亮练就了一身对付采煤机的绝活,如中医"望闻问切"一样神奇,通过"听声音、摸温度、看运行、量数据"就能对采煤机的"寿命"进行预判,也成就了他"煤机大夫"的美名。

有一件事,是高兴亮最为难忘和畅快的。2001年矿井承担了国家煤炭行业"十五"攻关项目,采用德国进口的SL300电牵引采煤机,高兴亮被任命为"十五"攻关试验小组采煤机组组长。为尽快掌握设备的技术技能,保证试验顺利进行,他细心操作、调试,详细记录收集数据、排除故障,并根据井下现场条件,对采煤机进行了四项技术改造。而由厂家派来的德国专家组成的调试小组在井下工作面安装采煤机滑靴时,由于不能进行像德国组装车间里那样的冷却处理,固定滑靴的销轴就是安不到位,近两个小时过去了,德国专家急得满头大汗,可仍然束手无策。接到任务赶来的高兴亮,经过仔细观察销轴配合情况后,仅用10多分钟就顺利解决了难题,令德国专家们肃然起敬,当得知这位"专家"只是一位普通矿工时,纷纷伸出拇指夸道:"中国矿工,OK!"

2003年,德国在华艾克夫公司年薪30万聘请高兴亮。高兴亮婉言谢绝地说:"兖矿集团培养了我,我要讲良心道德,我要回报矿井,回

报企业。"

高兴亮是这样说的,也是这样做的。

2008年矿井新进了一台940采煤机,在对设备调试过程中,他经过仔细监听一些部位的声音,认为该设备在厂家装配时存在问题。当他提出质疑时,不光是厂家的工程师,就连他的工友都觉得这是"多此一举","新设备怎么会有问题?高师傅也太多心了吧?"但是,高兴亮坚持自己的想法,通过对怀疑部位进行拆检,发现左右摇臂的齿轮润滑泵都是反向运转、泵吸油口因管路过长进入过滤器芯中导致吸油不畅通等故障,不但起不到润滑作用反而会烧毁设备,运行时间稍长就会导致该采煤机摇臂的报废,发生重大机电事故。他仔细分析原因,认真测绘数据,向生产厂家提出改进建议,对润滑系统重新设计加工,消除了重大故障隐患。

一次,正在上晚中班的高兴亮,接到值班领导打来的电话,说他70多岁的母亲突然晕倒住院了,让他上井后直接去医院。凌晨2点多,高兴亮匆匆赶到医院时,母亲经过急救已经转危为安,他轻轻松了一口气,想着替换一下妻子,好好照顾母亲。这时,他的手机响了,井下另一个工作面采煤机因摇臂声音异响已停机,需要他下井处理。高兴亮如往常一样说:"好,我马上到。"刚抬脚走,才想起自己是在医院里。善解人意的妻子对他说:"你去吧,注意安全,妈这里有我。"

当他处理好机器故障后,已经是第二天的下午两点多了,匆匆赶到医院时,看到了躺在病床上的老母亲和趴在床边睡着的妻子,此刻,他的眼睛已经溢满了泪水。

作为一个矿井生产故障排除离不开的人,类似这样的事情还有很多……

铸魂:自主创新永无止境

勤奋学习、自主创新、激情奉献,努力把自己"锻造"成一个应

第四章 ◆扎根一线，甘守平凡

用型高端人才。凭借一手绝活，高兴亮先后诊断出国内外各类采煤机"疑难杂症"200多例，挽回经济损失上千万元。

他总结的采煤机牵引花键轴动态组装法，仅用10分钟就可完成采煤机内、外牵引连接花键轴的装配。改进了采煤机调高油缸和液压锁及截割电机离合轴承的结构方式，提高了工作的可靠性。利用废旧配件研制的《风动注油机》替代了电动及手摇加油机，该成果于2015年12月获山东省优秀职工技术创新成果三等奖。主编《电牵引采煤机实用维护技术》一书，并获山东省企业培训与职工教育重点课题研究一等奖。《降低1480采煤机牵引花键轴断轴率操作法》《1480采煤机左右牵引电流不平衡故障快速判断法》《采煤机齿轮销轴安全快速提取法》等三个操作法被矿井命名为高兴亮操作法。《液压支架顶、尾梁装车架》等8个项目获兖矿集团优秀职工创新成果。2015年9月《一种带式转载机超速保护液压滚筒》获国家实用新型专利。

"既做事，更做人"，是高兴亮一直在心中遵守的准则。"技术这个东西只保留在自己身上是没有用的，解决实际难题才能体现它的价值"。高兴亮坦言，就想把自己多年掌握、练就的采煤机维修技术传授给更多的青年职工，为企业培养更多的技术工匠。

2011年9月矿井成立高兴亮技能工作室，同年12月集团公司对其揭牌命名；2012年4月成立高兴亮劳模创新工作室；2013年8月成立矿技师协会，他当选为首届技师协会会长；"高兴亮大师工作室"先后荣获：全国能源化学系统"示范性"劳模创新工作室、全国煤炭行业技能大师工作室、山东省劳模创新工作室。

高兴亮说："我们制定了工作室技能人才培养、学习交流、技术交流和创新创效管理等规章机制，组织现场研讨、成立流动课堂、定向培训教学等形式开展全员技术培训，并让工作室成员包班组、盯岗位，严考核、重嘉奖，充分调动积极性。"

工作室着力抓好科技创新和设备改造，根据生产实际需求科学制定

技改项目，现已完成"煤矿采掘设备液压试验台升级改造"、"液压支架安全阀试验台的改造"、"采掘设备铰接销轴液压拆卸装置"、"支架顶梁无封车器装车运输"等30多个革新项目。

几年来，工作室共培训采掘一线职工4300余人次，到生产区队组织培训采煤机操作技能、传授故障处理经验52期1560余人次，培训参加技能鉴定人员80余人次，60余名青年工人成为单位技术骨干，52人晋升为高级工、技师和高级技师。所带徒弟均成为采煤领域内的行家里手，徒弟王小波获2015年全国煤炭行业采煤机司机比武第13名、兖矿集团第七届职工技能比武采煤机司机第一名、济宁市技能比武采煤机司机第一名，并授予"济宁市技术能手"称号。

劳动伟大，劳动光荣。高兴亮在和采煤机"打交道"的30多年里，先后攻克技术难关50余项，有10多项成功填补了国内外采矿界的技术空白。

故事启迪

只要你热爱自己的岗位，干一行、钻一行、精一行，尽自己的努力做好本职工作，把工作当着事业来做，甘于寂寞，经的住诱惑，沉下心来，不忘初心，牢记使命，就一定能实现自己的人生梦想。

第五章
认真踏实，勤奋努力

勤奋、踏实、认真、努力，是中国工人的优良传统，也是现代工人的良好品德，更是练就一技之长的不二法门。"博学只靠勤修得，绝技乃由苦练成"，没有实实在在的付出，哪有叹为观止的绝技！奋战在一线的工人们最明白这一点，因而他们不摆花架子，不亮虚招式，而是脚踏实地、认真努力，用实干干出成绩。

大国工人的故事：
让你感动到落泪

1. "干"出来的"技能大师"

王树诠是齐鲁石化公司"首席技能大师"，也是山东省"青年岗位能手"、山东省十佳道德标兵，获得过山东省"富民兴鲁"奖章、"全国五一劳动奖章"、山东省"优秀共产党员"、中国石化"职工岗位练兵"标兵等荣誉称号；还多次荣获热电厂、齐鲁石化技术能手、标兵，四次荣获齐鲁石化自学成才奖，而他的这些成就和荣誉，归结到一起，只有一个字："干"，如果一定要用两个字来概括，那就是："实干"！

1989年7月，王树诠分配到锅炉车间运行倒班岗位以后，就投入到紧张的学习、工作中，没有理论基础就请教车间技术人员，自己到车间资料室找来《工程热力学》《流体力学》等书籍进行自学。守着锅炉系统每天爬上翻下，不厌其烦查找每一条管道的出处，系统流程熟记于心，并且理论实际相结合，天天在岗位上摸爬滚打，千遍万遍地练技巧。

1992年，21岁的他被提为司炉长全面负责整台锅炉安全运行。随着实际操作经验的积累，他觉得理论基础越发欠缺。1996年他通过成人高考，利用业余时间在哈尔滨工业大学系统学习热能动力专业的课程，为以后的实践工作打下了坚实基础。2008年担任车间技术员后，他参加了《锅炉降低飞灰技术攻关》课题攻关，担任攻关主要负责人。锅炉飞灰含碳量的高低直接影响耗煤量，制约着热电厂经济运行，他带领同事们从设备和运行两方面进行优化，对影响锅炉燃烧的漏风现象进行逐一消除。与攻关组技术人员，制订详实的降低飞灰含碳量技术方案，调整入炉煤粉细度。在他的指导下，操作人员通过对设备的多次调整，经过上千次的燃烧试验调整，对实验数据进行比对，从中遴选出合理的燃烧调整配风技术，找出适合不同煤质的调整方法，制订出了标准操作法，最终锅炉热效率提高 1.5 个百分点，八台炉年节煤 3 万余吨，降本增效近 2000 万元。此项技术获山东省优秀技术创新成果奖、中国石化创新创效优秀成果奖。

2009 年，由王树诠主持的《锅炉压烧燃油技术攻关》课题，是该厂减少燃烧用油项目，也是降本增效的重要课题。他和操作职工共同研究，合理配风，优化锅炉运行方式，合理分配各台锅炉负荷，使每台锅炉始终在最佳工况下运行，提高运行人员精细调整、提升经济技术指标的积极性。他与职工们一起探讨，也带动了每一名职工的工作热情，使他们真正动起来。他们在燃烧稳定的情况下寻找合理的操作方法，2010年，最终将锅炉最低稳燃负荷降到 260t/h 不需投燃油，创新低负荷稳燃技术，为热电厂锅炉断燃烧渣油项目和减少助燃用轻油工作做出了贡献。

王树诠还主持实施了锅炉仪表风改造项目。他通过仔细研究和认真观察，经过多次试验比对，和技术人员共同研究技改方案的可行性，经过多次研究认为将氮气仪表风改为压缩空气风是完全可以的，经过改造将价格昂贵的氮气仪表风改为价格廉价的压缩空气，投资小见效快，每年为热电厂节约 400 余万元。他还创编锅炉点火启动操法。在他的指导下车间细化锅炉启、停操作管理，点炉时尽早投入脱硫设备运行，停炉时尽量缩短脱硫停运时间，随时和脱硫岗位职工沟通，掌握锅炉启、停过程中运行动态，提前做好生产准备工作，这样不但确保烟气脱硫顺利达标，而且缩短了启停炉的时间。针对在操作中遇到的问题他们都会积极地进行讨论，协调解决、监督、跟进攻关进度，测算在实际生产中的应用效果，保证启停锅炉耗油量最少，锅炉点火重大操作成本实现货币化和重大操作的成本核算，落实了全员成本管理目标在职工操作中的体现，为车间的成本核算作出了贡献。

大国工人的故事：让你感动到落泪

2010年以来，作为锅炉运行高级技师，他不但负责车间的技术任务，同时还负责车间的职工培训工作。针对职工的实际情况他制订了多样性的培训模式，利用锅炉仿真模拟操作技能竞赛、绘制系统图进行比赛、岗位问答、班组课堂、滚动练兵、技术问答、事故现场模拟课件等多种多样的形式，将各种培训形式结合起来，使职工的操作技术不断提高，做到职工培训常态化、制度化、规范化，使职工技术素质显著提高，应对反事故能力进一步提高，车间职工间形成了落后赶先进，先进更先进的良好学习氛围，锅炉运行操作连续五年无重大责任事故发生，为装置"安、稳、长、满、优"生产打下了坚实的基础。

由于王树诠技术过硬，理论专业基础知识扎实，他还参加了《中国石化锅炉运行值班员技能鉴定》教材的编写、齐鲁石化锅炉运行值班员专业技能鉴定工作教学、编写鉴定题库等工作，为提高职工技能做出了贡献。为适应不同煤质的需求，他编写了热电厂石油焦掺烧方案，顺利实现石油焦掺烧工作，积累了大量的掺烧经验。为锅炉防腐蚀的需要，编写了实施锅炉充氮保护方案，保证锅炉本体汽水在长期停炉期间的防腐要求。

干一行，爱一行，这是王树诠工作中恪守的信条。从1989年进入齐鲁石化公司热电厂锅炉车间工作，在近30年间，他一直坚守在生产第一线，勤勤恳恳，兢兢业业，踏踏实实，努力钻研运行操作技术，从一名普通的司炉逐渐成长为锅炉运行专业技术人才，为热电厂锅炉装置的安稳运行和技经指标提升做出了突出贡献，也留下了一串串炉火般的闪光足迹，用辛勤的汗水和智慧实现着自己的人生价值。

 故事启迪

哥德说："你要欣赏自己的价值，就得给世界增加价值。"每个人都希望最大限度的实现自我价值，而要把这种理想变成现实，靠的是什么呢？靠的是在平凡岗位上的踏实肯干，在普通工作中的勤奋努力。王树诠的故事再一次证明：成绩源于实干，只有踏踏实实的努力，才会有实实在在的成绩。所以我们每一个人在自己的岗位中，不管岗位多么普通，工作多么平凡，都要脚踏实地，不驰于空想，不骛于虚声，认认真真，勤勤恳恳，实实在在做好自己的工作，取得实实在在的成绩。

2. 追风路上的"开心果"

  胡磊是中电投湖北仙居顶风电场的员工，人长得瘦黑精干，干起活来却堪比硬汉；年纪不大，却乐观开朗，是同事和队友们的"开心果"。

  2009 年 4 月 18 日，中电投在湖北的新能源项目启动。当年 8 月，21 岁的胡磊成为仙居顶风电场的员工。胡磊的工作负责设备调配，建测风塔、选定机位，需要攀登海拔 680 多米的山顶，树木丛生，荒草遍野，从山上到山下，往返一趟近两个小时，20 多米长的拖挂，几十吨重的设备，铲车前拉后推，行进缓慢。有的路车上不去，只能徒步前行。遇到雨天，全是泥巴，登山时还要背上几十斤重的工具，每次上山都是大汗淋漓湿透衣背。到达现场，顾不上休息，胡磊还要带着工具爬上 50 米高的塔架进行调试。虽然很辛苦，但胡磊却把这辛苦当成了乐趣。

  风电场在荒山野岭中筹建，山顶潮湿多雾，一个月有一半的时间见不到太阳，被褥总是湿巴巴的，有时候还长出了"白毛"，这都是常态，他们用火烘烤，更换被罩铺盖。胡磊不仅没觉得苦，反而称这被子"别有风味"，惹得大伙儿一起笑，阴湿的屋子里似乎也明朗了很多。

大国工人的故事：
让你感动到落泪

工地没有现成的食堂，工人吃什么？方便面。方便面没有水不行呀，那就自己携带。但是这对于胡磊来说，是个真正的难题。因为他的胃不好，一饿胃就会难受，就会浑身发软。为了抢进度，他们每天清晨六点多上山，中午傍晚不能按时就餐。为了坚守工地，他佩带黄色挎包，里面塞满零食，肚子饿了，就抓起零食吃上两口，防止胃疼影响工作。日子一久，大家都知道他黄色的挎包里全是吃的，谁肚子饿了，都向他讨要。胡磊大方得很，谁要谁拿，还给自己取了个绰号叫"黄袋鼠"，"以后想吃，就找袋鼠要"，他笑嘻嘻地说。

2010年冬天寒流突袭，大雪封山，天地间白茫茫一片，气温降至零下10多度，枝梢电线都挂着冰棱。风机刚刚投产，胡磊和同事赵宇担心发生意外，外出巡查设备，冻得脸僵手僵全身僵，胡磊开玩笑道："拍张照片吧，也好让未来的孙子知道，爷爷是见过大世面的，这张周身冻得僵硬坚持微笑的照片可以挂在墙上避邪了！"

春节值班留守，山路结冰，他们不能下山，食物送不上去。连着十多天，胡磊及留守的同志，只能靠方便面、煮白菜充饥。大家都很委屈，明明春节谁都吃着好吃的，只有值班的人吃这个。胡磊却拿这个开起了玩笑，"吃白菜和方便面能减肥，等到我们身体变苗条了再回去，爸妈肯定高兴！"一席话说得大家破涕为笑。春节过后，公司领导上山慰问，由于路面雪封冰冻难以前行，胡磊和同事下山去接应。当他们艰难地把慰问品带到山上时，同伴们十分激动。胡磊却用起了他的另类鼓励："领导想着咱，咱更要坚守岗位不当熊包。"大家团结一心，度过了最难熬的日子。

有一年夏天，距公司较远的#27机组发生故障，车辆难以通行。为了保证发电，胡磊陪同设备厂家科技人员赶到现场抢修，步行7公里，圆满排除故障，风机投入运行，大家松了口气。返回时大雨突降，大家没带雨具，衣服淋得透湿，落汤鸡般回到驻地。众人又冷又饿，突然又接到控制室电话，另一台风机也出现故障。设备厂家的人员牢骚满腹,情绪低落,真不想外出。胡磊又是用起鼓舞人的老办法——讲笑话:"老天爷照顾咱,大热天送来淋浴,咱不享受对不起老天爷。"大家受他好情绪的影响,鼓起勇气,冒雨上路,抢修风机,连续作战,最终排除了故障。

2012年7月,胡磊在竞聘中脱颖而出,成为最年轻的运行维护班班长。当时,电视剧《士兵突击》热播,众人送他绰号"三多",说他像许三多,面对困难,乐观风趣,不抛弃不放弃,骨头难啃越要啃。

2013年6月,风机全面维护。白天气温高达40度,胡磊身背几十斤重的工具登上50多米的机塔。机舱内室温高达50度,他钻进机舱,检查异常,紧固力矩,全面保养,浑身湿透,汗水混杂油污,灰尘涂满全身,一台机组维护,少则两个小时,多则五个小时。他过度疲劳,中暑头晕,众人劝他休息,胡磊却坚持不下塔,直到风机修好。从塔上下来,除了牙齿是白的,其他地方都是黑黝黝的。苦战近两个月,40台风机的维护任务圆满完成,为发电增效打下了坚实的基础。

故事启迪

风,无影无踪,风,来去自如,风,从没有半刻停留。这是我们印象中的风。然而有一群人,就是要将这来去无踪的风抓住,还要让它为我所用,服务于人。背着几十斤重的工具上机塔,然后在50度的机塔里一呆就是少则两小时,多则5小时,试问有几个铁人能撑得下去?在荒山野岭中吃的是随身携带的干巴巴的零食,睡的是"长了毛"的湿被子,时不时还会有尖嘴獠牙的野猪来叨扰,这样的环境,又有几人能够不逃?胡磊不会,他的队友们也不会。为了把源源不断的电流送到千家万户,他们以苦为乐,乐观幽默,在笑谈中与恶劣环境相斗,在相互鼓励中完成一项又一项艰难的任务,还不忘时时开心一笑。他就是这样一位"追风人",一个"开心果",一个战斗在一线的工人先锋!

大国工人的故事：
让你感动到落泪

3. 用实干创造价值

  没有惊天动地的豪言壮语，只有一脸谦虚憨厚的笑容；没有出人头地的显赫影响，只有一段平凡朴实的经历，坚守在试验检测的一线，在艰苦的岗位上摸爬滚打，把美好的青春年华、所有的聪明才智都无私地献给了检测事业，他就是现城开路 B2 标专业分包项目工地试验室主任唐晓洲，一个以"勤勤恳恳工作、老老实实做人"为行为准则的人。

  "工作上没有任何借口！"只要是领导交给的任务，哪怕充满艰难险阻，也会尽力地完成；只要是工作中的事，哪怕是不起眼的小事，也要尽心地做好。由唐晓洲担任负责人的集团重点项目南道高速公路工地试验室，在土建施工阶段，从工地试验室组建伊始，就根据总包加施工工区的实际情况制订了针对性的检测实施管理办法，积极配合总承包项目部的质量管理工作，及时安排检测人员对半成品、成品进行系列检测，并且要求试验人员提高服务意识，做到当日事当日毕，合理安排时间，坚持"诚实守信，数据准确，方法科学，行为公正"，尽心尽力完成本职工作，为项目顺利进行提供检测数据支撑；在路面工程施工阶段，克服工期紧、战线长、工作面广的挑战，组织人员每天及时对施工完毕的路面、原材料等进行常规性检测，并进行数据确认，对不满足规范的指标反馈给项目部以便施工调整，及时送取外委资料。日常工作中，他不断给员工加油鼓劲，随时关注大家的思想动态，努力做好后勤保障工作，协调处理路面与土建的检测工作交叉，配合各个工点与项目部的对接工作，为南道路工程的顺利完工做出积极贡献。

  城开路 B2 标专业分包项目于 2017 年 3 月底筹划，4 月初开始场建工作，工作伊始，唐晓洲安排好南道路相关工作后，立即赶往城开路项目，配合项目部场建工作，积极完成场地选择工作。在此期间，他积极与项目部负责人进行沟通，根据《公路工程工地试验室标准化指南》要求画好图纸，配合城开路项目需求情况进行人员梳理，为试验室场地验收、人员到位打下牢固基础。在工地试验室建设时间紧、任务重的情况下，他与公司设备管理人员及时沟通商讨，跟进设备运输、安装、调试、检定等工作，通过两个月的努力，试验室基建于6月全部完成，并在月底完成设备检修、检定工作。与此同时，他一边竭尽全力配合项目部进行备案，一边又进行原材料厂家选择，由于城口这边之前施工量小，砂石厂家较少且规模不大。为此，进行了大量的选址工作，他亲自带队考查，不厌其烦的对原材料进行抽取检验，直至合格，为施工的全面开展奠定坚实的基础。同时，安排试验室配合比的展开，确定好砂石、水泥等原材料后，带领大家进行试验室配合比，即使面临着周期长、工期紧、要求高、压力大等难题也不退缩，更不抱怨，最终，他带领团队顺利攻克这些难题。

　　为使管理工作更加高效，他反复强调工程质量要求，并要求试验检测人员严格按照项目部的施工进度计划安排工作，做到材料提前检测，杜绝不合格的材料进场，从源头上抓好项目质量关。并且，根据平时现场检查质量时发现的问题，及时总结，举一反三，将问题变为经验，与试验检测人员随时交流沟通，让大家深刻认识到质量把关的重要性。作为工地试验室的负责人，唐晓洲总是积极地与项目部沟通协调，协调处理与项目部之间的工作；组织检测人员每日对原材料、混凝土进行抽检，实时关注和调整混凝土配合比，亲自观察混凝土情况，在材料多变的情况下，做到最佳，并不断优化；对现场实体进行回弹、钻芯、雷达测衬砌厚度等检测，确保工程质量，保证下一道工序正常进行。

　　唐晓洲是个勤奋踏实的人，他希望每一个员工都有这样的职业素养。为提高试验室的专业技术水平、个人品行修养、安全意识等综合素

质,他充分利用时间组织学习和培训。由于城开路特长隧道的特殊性,组织试验检测人员参加TSP303S超前地质预报、GSSI地质雷达的学习,并且不定期组织人员深入现场,积极地购置相关资料书籍,组织员工利用晚上空余时间进行学习,鼓励大家参加公路疏运工程试验检测考试,在2017年,共有5人次通过公路试验检测工程师的考试。

在工作中,他没有豪言壮语,始终脚踏实地,默默无闻的演绎着自己的角色,用实际行动诠释着自己的行为准则,在平凡的岗位上,实现着自己的价值,为公司的发展贡献自己的力量。

 故事启迪

一个人的价值,不在于他的天赋,也不在于他学到的知识,而在于踏踏实实地把天赋和知识转化成工作效率,这需要不断努力与辛勤劳动,才能取得成绩。不论在哪一个岗位上,都有很多知识要学习,有很多技能要掌握,这不是一日之功,而需要持之以恒地努力。要在自己的岗位上实现价值,做出成绩,就必须有踏踏实实的态度,付出实实在在的努力,靠小运气、小伎俩和小聪明,不可能取得大的成绩,更不可能赢得事业的成功。

4. 施工现场的"小兵"

刘小兵是中建分公司的一个现场施工员,从2008年参加工作以来,从质检、实验做到现场施工,经历了颇为不同的岗位磨练。因为他年纪小,个子也不大,一张娃娃脸,施工队伍里大多都是在建筑领域摸爬滚打了十几年的老大哥，年纪比他大，所以大家都亲切地叫他"小兵"。他也常常自谦说，自己就是施工现场的一个"小兵"。但是这个"小兵"今天却已经成长为了一个实实在在的"指挥"。

刚调到现场工作时，刘小兵什么都不懂，只能每天跟着师傅学。那时候，不论天寒地冻还是骄阳似火，现场上总有一个单薄却坚定的身影伫立在天光云影下，眼观六路地捕捉现场情况，积攒每一个环节的管理经验。如何调度车辆、如何安排循环路线、如何安排挖掘机施工、如何控制土方开挖进度，如何处理地质突发状况……小兵在飞速成长。在快速掌握了现场施工管理诀窍之后，不到半年，刘小兵便被任命为施工队队长，从"小兵"成为了一名"指挥"。

2018年初，公司中标一个大型湖泊生态修复工程，刘小兵带领了三个施工队负责现场湖区的开挖，土方量达到500万方。

刘晓南管理的是华山西路以北，3个施工队伍100多口子人，100多辆车，与别的项目不同，华山湖项目的环保要求严格得近乎苛刻，土方施工过程中不能出现扬尘，土方车辆运输不能在道路上掉落泥土，运输道路不能出现泥泞，还要时时刻刻注意扬尘、覆盖、车辆带泥等细节……各种各样精细的要求让刘小兵忙得不可开交，晨光微亮他就到达现场，第一件事就是拿着GPS、下到基坑中测量昨天晚上施工队伍开挖的方量，复核昨晚制订的计划，查缺补漏。

复核通过后，又一一联系挖掘机操作手、洒水车操作手、防尘网覆盖员和清洁队伍，确保每个人都到位后，正式开始一天的土方施工。

土方施工，机器一动，便响起了资金消耗的号角，为了节约成本，在道路运输、施工计划、便道设计、车辆安排等方面要尽可能做到科学合理，避免押车造成时间和人力的消耗。他在每一个细节上着手，结合现场每一处情况变化，分秒必争地机动调整设备分配、车辆路线和土方开挖的施工步骤，为项目争取每一分宝贵时间。

"这边尘土太大了，喷雾、洒水车安排一下。""地面有泥泞，清洁

队伍上来清扫处理干净。"

"把防尘网覆盖上，角落上也要覆盖到位。"随着一声声机动的指令和灵活即时的调整，工区的土方开挖施工宛如一个循环运行的庞大网络，以刘晓南为核心，成吨的泥土被有序地——运出……施工中不可控的情况太多了，不可能都做到十全十美，员工没有把土码放整齐、没有严格按照施工计划施工他都要及时发现，并及时要求改正。一天忙完，大家都下班了，他还要把施工队伍夜间需要开挖的方量和计划测量安排好，为第二天的工作做好准备后，最后一个离开现场……他是工作的核心，施工队伍有问题，只需找他，项目领导有了要求，也只需找他，他将自己负责工区的各项工作牢牢把控在手心。他可以36个小时坚守施工现场维持高频率的调度工作，甚至中午饭都在施工现场吃，只为了能第一时间应变现场各种状况，守好自己的岗位责任。

等到土方工程完工，刘小兵整整瘦了五斤。但他一点也没有觉得了不起。而是精神饱满地赶赴下一个工地。

就这样，在现场施工指挥这个平凡的岗位上，刘小兵一干就是十年，而且十年如一日，风里来，雨里去，不怕脏、不怕累，始终任劳任怨，踏踏实实站好自己的一班岗。他的勤奋和踏实赢得了大家的一致认可。2018年，这位现场"小兵"被评为劳动模范，还荣获了山东省五一劳动奖章。

 故事启迪

是金子在哪儿都能发光，现场的"小兵"，用勤奋踏实谱写出自己的光辉。中国人自古以来就有着勤奋努力的美德，任何时候，勤奋和踏实都是中国人最重要的品质。泱泱大国，数亿工人，正是有许许多多像刘小兵一样踏实努力的人，才汇成了中国工业的强大力量。这种力量是无法估算的，这种精神是无坚不摧的。有了这样的精神和品质，我们可以做成任何事情,也可以在任何时候,都自豪地告诉他人:我是一名工人!

 5. 勤奋磨出来的"大拿"

在中电投江西分宜发电有限责任公司,提起施斌,大家都称他为"集控操作大拿",即便在江西公司所属四家火电厂,也是颇有名气。

2003年,施斌迈出江西财经大学校门,来到劳动强度大、设备环境差的锅炉运行岗位。反差巨大,天之骄子的优越感荡然无存。当时他犹豫了:寒窗苦读十多年,难道自己的美好青春就只能奉献给这些灰尘多、噪音大的笨重设备?

是金子在哪儿都能发光,越是艰苦越能磨练人!父母的这句话成了施斌勉励自己的座右铭。从此,施斌踏实了,默默无闻地从普普通通的锅炉运行巡检工干起,当班查设备,下班啃书本,每天俯身在各种大大小小的设备上,从熟习设备名称、性能、参数和日常维护入手,特别细心留意设备运转是否异常,设备参数是否正常,若有点异样响动或数据偏差,他就会警觉地仔细听听、看看,作出判断。他学用结合,用学到的知识来理解设备、掌控设备、驾驭设备。生产一线的摸爬滚打使他渐渐成为了骨干,挑起了大梁。

2014年施斌晋升为值长,他暗下决心,一定要以老值长为榜样,牢记他的言传身教,他还下决心超越老值长,因为他的梦想与追求是"没有最好,只有更好"。

作为一个集控运行新人,施斌知道,光有热情、干劲还不够,必须依靠知识的力量作支撑。从此,他钻研技术的热情更高,劲头更足。他

大国工人的故事：让你感动到落泪

从不放过任何一次苦练基本功和掌握技术的有利时机，虚心学习其他电厂集控运行经验，熟练掌握所有设备操作技能。大到受热面管排，小到排渣系统，慢慢地他从默默无闻到崭露头角，成为锅炉技术"大辞典"。

为了稳固理论基础，施斌从不放过任何一个危及设备安全和提升操作技能的实践环节。从10万千瓦循环流化床集控运行起步，不断总结和提升不同机组、不同容量、不同性能、不同操作的技术要领。公司三台机组168小时试运行都是对他技术技能熟练程度的考验，他不负众望，攻克了一个又一个技术难题，令同行刮目相看。

学无止境，施斌也从不放过任何一个体现能力、提升价值的理论深造和考证机会，他考取了大连理工大学网络教育班，到上海电力学院学习30万千瓦机组集控理论，参加了集团公司高培中心大型机组单元长培训等。他坚持向书本学理论，向实践学经验，以优异成绩取得集控值班员高级工证书。不仅如此，他还发挥"传、帮、带"作用，带领大家学业务、强技能、提素质，把班组打造成学习型团队。

学习是为了解决问题。施斌把学到的理论知识和掌握的实践经验紧密结合，融会贯通，运用到集控运行和实际操作过程中，不断摸索，反复琢磨，探索出了一套勤观察、勤诊断、勤比较、勤归纳的"四勤"工作法，并得到推广运用。有人开玩笑："你就不怕教会徒弟饿死师傅？"他回答："一枝独秀不是春，大伙儿都能干了，工作才好干，设备才稳定！"

长期在同一个岗位工作，日复一日地循环往复，难免会让人感到枯燥乏味。施斌何以乐此不疲，带着梦想坚守十年？他说："创新就是让岗位增值。集控运行看似简单，真要学深学透，一辈子也学不完。"

分宜发电公司是国家循环流化床机组示范基地，先后有10、21、33万千瓦三台具有自主知识产权的循环流化床机组。由于设备先天性不足，又是国内首台机组，没有任何经验可以借鉴。特别是9号炉的设计原因和设备缺陷,经常因为回料阀冒正压造成锅炉停运,严重威胁着机组安全稳定运行,一直是技术专家久攻不克的技术难题。施斌看在眼里,急在心头,他下决心一定要攻克这项技术难关!

施斌创新思维,寻找突破,认真分析锅炉运行数据的因果关系,在海量技术参数面前查找内存规律,终于发现#9号炉回料阀冒正压堵塞的前兆和原因,并提出了解决问题的有效措施,使回料阀压力保持正常。从而避免了因回料阀堵塞冒正压造成停炉事故发生,也为循环流化床机组持续稳定运行立下了汗马功劳。

一次,#9号炉#5号冷渣器冷却水回水管爆裂,六七十度的热水从10米高空喷出,导致汽机补水困难、锅炉面临烧干锅危险,情况万分危急。当时,施斌是集控运行当班主值,面对险情他异常冷静,拿起管钳爬到10米平台,冲向回水管爆裂点紧急处理设备故障,他用自己的血肉之躯顶着高达2兆帕(MPa)的压力。滚烫的热水喷淋在身上像火在炙烤,他果断地将手动门关闭,化险为夷,保证了机组安全运行。

一个人能力越大,岗位价值就越大。多年来,施斌带领大家发现和解决设备缺陷上百次,避免重大设备故障数十次,他身上那股"拼命三郎"的劲儿,深深影响着身边的年轻人,也获得了大家的交口称赞。他曾荣获江西公司优秀共产党员、映山红爱心助学优秀志愿者等称号,多次被评为公司金牌员工、先进工作者。

 故事启迪

"一勤天下无难事",只要勤奋去做,不管什么样的事情都能够做好,这正是勤奋踏实地去努力的意义。勤奋踏实不光是一种精神,更是一个人的职业道德修养。既然立足于一个岗位,就要为它做出贡献。哪怕再艰苦的环境,再难掌握的技术,只要我们有了一心一意做好工作的决心,就一定能够战胜外界不良因素,取得成功。从决定踏踏实实做一名工人开始，勤奋和踏实就已经在心里生了根，发了芽。勤观察、勤诊断、勤比较、勤归纳的"四勤"工作法是他的独门绝技。人们看到的是他的光亮，只有他自己清楚，荣誉背后的磨砺，成功背后的汗水。成功没有捷径，懒惰的人可以找到一万种不努力的理由，勤奋的人却在一万次努力后得到成功。

6. 扎根矿场的"硕士矿工"

一个矿物工程加工专业的硕士研究生，却心甘情愿坚守在最艰苦的矿场上做一名最普通的矿工，拿着平均不到2000元的工资，还没日没夜地进行技术改造，世上有没有这种傻人？

还真有，他就是淮北矿业临涣选煤厂西区机电车间技术副班长张明泉。他不是真的傻，也不是不向往更好的工作，更不是没有远大理想，只是煤矿行业太缺少人才，太需要有人撑起技术大梁，所以他选择了别人唯恐避之不及的一线矿工的岗位。

2013年7月，张明泉进入临涣选煤厂工作。他外表憨厚木讷，少言寡语，身上最多的就是踏实和勤奋。他边上班边研读了《电子技术基础》《过程控制与自动化仪表》《选煤过程参数的测试技术》等数十本专业书籍，在提高理论知识的同时，虚心向工人师傅请教学习，在岗位实践中积累经验。在设备大修、故障诊断和技术攻关的现场，总是少不了他忙碌的身影。一天夜晚，受煤坑自动控制系统出现了故障，接电话后，他立即爬起床，奔赴现场排除故障，再回到家时天都亮了。经过磨练，张明泉已经熟练掌握了集控系统原理、控制回路接线、设备闭锁互锁关系以及常见故障解决办法。

2015年,选煤厂的领导把公司重要的技改项目"受煤坑自动化改造项目"交给张明泉负责,张明泉既激动又忐忑,激动的是厂里如此信任自己,忐忑的是自己心中完全没有底。但是厂里既然把信任给了他,他就不能让厂里领导失望。于是决定好好干一回。但下决心容易,真正做起来并不容易。别的不说,仅仅是项目方案,就先后制订了五套,每一套方案都要反复修改和推敲。即使在方案敲定后,张明泉和伙伴们依然坚持每天至少两个小时的"头脑风暴",更多的时候是与厂商专业技术人员沟通,咨询技术参数,查阅各种资料。为解决一些关键性技术难题,张明泉还回到母校问他的导师和师兄们请教,用一个星期时间反复试验,论证方案的可行性。

方案定下来,接下来是编程、安装、调试、完善系统……张明泉和同事们在实地攻关的那段日子,大家几乎每天都要工作到深夜,经常是煤尘满面地辗转在受煤坑和工作室之间。渴了饿了,就胡乱对付几口,便又匆匆忙忙地投入到解决技术难题当中。千锤百炼方能造就精品,终于他们的付出有了回报,他们研发的"受煤坑自动化无人值守系统改造"攻关项目,成功了,获得了行业内的极大认同,填补了行业内受煤坑自动化控制的空白!并荣获了淮北矿业"五小"实用技术成果一等奖、淮北矿业"聚焦双效"创新创效项目一等奖,并被推荐申报为安徽省重大合理化建议。

张明泉一战成名,他被推荐申报为2016年淮北市"五一劳动奖章"候选人。年轻、有学历、又有业绩,生活向他展开了广阔、光辉的图景,太多的机会都在等着他。但他并没有离开,而是坚定地留了下来。张明泉坦言,自己不是神人,当身边许多有一技之长的人都辞职到更好的单位就业的时候,自己也曾动心过,犹豫过,但总舍不得自己的工作,觉得自己学的就是与岗位有关的专业,换个地方,也可能比当前要安逸,但是国家培养了自己那么多年,知识如果不用岂不浪费?他相信自己的选择不会错,只要肯学肯练,再加上自己的专业知识,总是会

做出成绩。随着机械化、自动化、信息化、智能化,无人选煤厂战略目标的实现,必将孕育着个人成长的机遇,实现自己的梦想。

这几年,他又主持了几个项目,完成小改小革十余项,攻克生产技术难题4项,年创效益数百万。他所编写的系统监控程序,成功解决了受煤坑下无线通讯、组态软件多系统兼容、卸料小车实时定位等技术难题,不仅实现了岗位无人值守,还有效提高了选煤生产效率效益。不久前他又提出了浮选加药远程控制改造,并制订了详细的实施方案,预期效果可使浮选岗位减员3人,节省浮选药剂10%,年创效益可达70万元。

 故事启迪

俗话说:人往高处走,水往低处流,这是人之常情,无可厚非。一个在专业上卓有建树的硕士研究生,却不往高处走,心甘情愿在最基层扎下根来,甘愿做一名选煤厂的一线小工人,这不是傻,也不是故作高姿态,而是对岗位的无限热爱。勤奋踏实的作风,让他在一线岗位上扎下根来,因为他相信自己的价值,正在这样的岗位上。只要自己努力去干,再平凡普通的岗位也会干出不平凡的成绩来!

 7. 巾帼不让须眉的"采气女工"

姜婷婷,系中国石油天然气集团有限公司采气技能专家,"全国技术能手""全国职工职业道德先进个人""中国石油榜样·好工匠"和西南油气田分公司"劳动模范""三八红旗手标兵"和"优秀青年标兵"等荣誉称号。

勤学苦练，不负青春年华

1999年，刚满18岁的姜婷婷成了一名普通的采气女工，面对一条条大大小小的天然气管道，她立下学习岗位技能的决心，编制学习计划，报考成人大学，通过几年的刻苦努力，她的业务水平和操作技能都得到了极大提升。

2003年底，她凭借较好的综合素质，从采气单井被调到天然气脱水站工作。第一次接触天然气脱水工艺和设备，她才发现采气单井和脱水站之间的操作及管理存在较大差异。之后她查资料、拜师傅，向技术干部请教，与同事交流切磋，仅一月就弄懂了天然气脱水工艺的复杂流程，分析处理问题的能力也得到显著提高。2007年8月，她被调到天东9井工作，为全面了解脱水装置内部结构与工作原理，在脱水装置大修和技术改造期间，她每天拿着笔记本和照相机到现场，学习流程、了解过滤分离器的结构和安装、甘醇泵的原理、重沸器的结构，爬上十多米高的吸收塔，钻进塔内拍下吸收塔内部结构图片，并与资料对比、分析、总结。后来，她的学习心得体会还被编进培训班学习资料，沿用至今。正是有了这样的执着，她实现了由单一的采输专业知识向具备采输、脱水两个专业知识的快速转变。

一分耕耘，一分收获，2004年她荣获西南油气田重庆气矿第二届采输技能大赛"技术能手"称号，2007年荣西南油气田采输技能大赛第四名，2009年荣获中国石油天然气集团公司采气工技能大赛第二名。10年的磨砺，姜婷婷由一名普通操作工成为"全国技术手"。

攻克难关，破解生产难题，学以致用，解决生产过程中的设备故障，是她技能精湛的具体表现。她认真研究气田生产，针对气田开采后期排水采气、增压生产等工艺实施后原料气污物含量增多、脱水装置不

能稳定运行的问题,她提出《加强井站管理保证脱水装置正常运行》与《气田开采后期脱水装置流程优化》的建议,建议在不改变装置的情况下,通过加强上游单井控制和各级排污,更换过滤分离器滤芯和脱水装置机械、活性碳滤芯等手段,最大限度地减轻了脱水装置的负担,保证了脱水装置的正常运行,此建议实施后每月可节约成本近万元,同时还可以延长设备大修周期,节省大修费用,降低醇路堵塞、甘醇发泡带来的安全风险。

2015年1月,她着手从水合物生成原因分析,找出天东5-1井至天东9井集气支线冻堵原因,提出合理控制计温与严格按要求加注防冻剂的措施,在2016年2月极寒天气下实施后,实现了气井"零冻堵",累计增产天然气50万方。2017年初,相国寺储气库脱水装置热媒油炉出现供热不足,严重影响储气库的调峰供气,她凭借着丰富的经验和敏锐的观察力,准确排除各种问题,大胆提出更换大功率燃烧器,同时进行适应的燃料气系统改造的建议,有效解决了热媒油炉供热问题,确保了4套脱水装置正常运行,保证了储气库的正常生产,此项建议还荣获西南油气田分公司2017年合理化建议二等奖。

10多年来的积极探索磨练了她坚强的意志,让她不断总结,潜心发明创造,处理气井与脱水装置异常问题百多起,避免经济损失50余万元,撰写的《泡沫排水采气对三甘醇脱水装置的影响》等5篇论文在各级期刊公开发表,获发明专利9项,其中"一种蒸汽炉引压器"获国家发明专利,为气井后期开采提供了技术支撑。

倾心传艺,坚持诲人不倦

抓好传、帮、带,促进员工共同提高是她一贯的工作作风。2006年,天东9井新进4名转业军人,她主动担任师傅,根据新员工的特点制定个性化培训计划,拿出自己日积月累的技术、技能培训图像和文字资料,每周对他们进行一次考核,每月对他们进行一次验收。经过不断努力,4名转业军人转正考试顺利过关,很快就能单独上岗。在她的严格教导与督促下,多名徒弟还成长为单位技能骨干,晋升为技师。为了让员工学到更多的岗位技能,她以采气工技能鉴定题库为基础,结合设备、安全、现行管理制度等编制4000多题的题库,利用信息化建设网络和在线考试系统,实现员工实时在线练习与测试。为规避新员工在现场误操作的风险,她精心编制高级孔板阀、清管收发球操作原理演示及动画操作课件,将现场操作移至室内,生动形象,得到学员的好评。

她担任技能竞赛教练多次带领选手参加采、输、气、脱技术比赛,个人、团体均取得优异成绩。2017年,担任西南油气田分公司参加中国石油采输气大工种教练,取得了10名选手人人夺牌,团体第一的佳绩。

故事启迪

一个国家的强大,除了依靠高素质、高文化的国民之外,还需要一群不畏艰苦、在国家科技技术第一线奋战的技术工人们,他们也许读的书并不多,没有什么高学历,是走在人群中会被淹没的普通工人,可他们依靠自己出色的专业技术,是国家一笔笔不菲的财富,让国家日益富强,他们演绎着"三百六十行,行行出状元"的神奇。他们的成功之路就是追求职业技能的完美和极致,靠着传承和钻研,凭着专注和坚守,成为了国宝级的顶级技工,成为了一个领域不可或缺的人才,成功的背后隐含着的是专注、技艺和对完美的追求。只要热爱本职工作,脚踏实地、勤勤恳恳、兢兢业业、尽职尽责、精益求精,就能成就一番事业,就可望拓展人生价值。

第六章
心无旁骛，执着专注

一件产品需经过千锤百炼才能成为精品，把精品做成艺术品，需要更深层的专注。真正的工匠安于岗位，执着专注，别人眼中的单调、细碎、重复，在他们眼中是乐趣、是精进、是享受。执着才能坚持，专注才能专业，一生只做一件事，一心只想手头活，再平凡的工作有了执着和专注，也会创造出不平凡的成功。

1. 用执着成就匠心

50年如一日执着坚守在古茶山，专注于茶的研究，终成一代大师，被爱茶人亲切地称为"茶妈妈"，她是全球普洱茶十大杰出人物之一杜春峄，一位当代普洱茶制作大师。

杜春峄15岁时就进入古茶山景迈山，从此与茶为伴，再也没有离开过，如今已50年匆匆过去。杜春峄却50年如一日，在古茶的世界里用心雕琢，执着于探索古茶的真味，专注于研究制作的技艺，一生只做一件事，用毕生的心血和智慧成就了自己的匠心品牌：澜沧古茶。

1966年，在这个云南澜沧县偏远的山寨，时任澜沧县县长的李光华创办了云南省第一批茶叶培训班并成立了澜沧县古茶山景迈茶厂。年仅15岁的杜春峄参加了这期共100多人的培训，且是其中唯一的女性。由于山上条件艰苦，好多人中途退出，三个月后毕业时只剩下30多人。

1970年，为了开辟茶园，这批当年只有二十来岁的培训班学员们硬是把柴油机、烘干机、揉茶机抬上了山，那时景迈山还未通路。"30多个人就守着茶山一直守到了1975年，开了几百亩的茶园。不知道那个时候是怎么过来的。"茶厂终于开始正常运转。但是到了1998年，澜沧县茶厂由于新班子经营不善，适应不了改革的冲击，很多货款无法收回，最终资不抵债，被宣布破产。茶厂的职工失业，领不到工资，生活一度陷于困顿。甚至县里的小学生都把早点钱省下来，说要捐助给澜沧县茶厂的工人，救济他们的生活。杜春峄说，当时真的很惨很惨！

面对工人们失业的惨状，杜春峄坐不住了，她要带着工人们走出一条活路来。通过两个月的奔波努力，在县体改委、经贸委等部门积极参与、指导下，由 82 名自身能力较弱的失业老工人（平均年龄 50 多岁）自筹资金，于 1998 年 5 月组建了澜沧古茶有限公司，杜春峄被大家推选为董事长。

刚刚成立的公司，一切都很艰难，但她想澜沧有着悠久的种茶历史，茶叶是几代人赖以生存的资本，既然自己与大家大半辈子都做茶，那就好好把茶叶做好，一定会好起来的。她用了更多的心思研究做茶，要把澜沧的古茶味找回来，真正做出一款属于澜沧的好茶，打出澜沧古茶的品牌来。

杜春峄对普洱茶制作技艺提升的钻研，以及其中承受的艰辛，是常人无法想象的。为了了解每一年原料的变化，提升初制工艺，她常常坐着摩托车，爬陡坡，跨险境，涉水越涧，到山上采茶，到各个茶区考察。崎岖难行的茶山之路，左边是狭窄的泥路，右边是陡峭的悬崖，也阻挡不了杜春峄对茶的执着。

在她的审评室里，放着一个盛水的大盆子。无论毛茶还是半成品，她都坚持仔细审评。因常年审茶，茶汤频繁入口，各种强弱不一的茶气聚合产生的效应已大大超出了她身体所能承受的范围，所以她不能每一口茶汤都吞入腹中，大部分茶汤停留在口腔内品鉴过后需吐出来，每天一吐就三大盆。

她对熟茶发酵环节更是高度重视，因为发酵好坏直接决定了一款茶品的质量。厂里的保安师傅曾经受到过一次处分，记录本上说：某天早晨有一个人不知道怎么进入了厂区，并且进入了核心区域熟茶发酵车间。原来是杜春峄凌晨 6 点进入发酵车间了，她怕凌晨气温低，怕堆子的温度不够，所以等不及就爬门进去了。她在会上检讨了，但说管不住自己。

如今澜沧古茶已步入稳定发展期，但杜春峄对茶的追求却从未停歇。正如她面对自己倾注心力最多、投入情感最深的 0085 时所说：每一次我都觉得当时是最完美的，但下一次又有更完美的出现，所以，我

的0085永远没有完美,永远都有遗憾。她要追求的是极致的茶味,极致的好茶,是渗透了工匠之心的精致和温柔之心的关爱的好茶。

故事启迪

50年,只做一件事。说难,不难;说易,不易。能坚持下来的,却寥寥无几。为什么?因为缺少了执着和专注。狮子追赶猎物,一旦盯上目标,就会紧追不舍,即便眼前出现更大更好的猎物,狮子也绝不会放弃一直追赶的猎物。只要它认定了猎物,就会执着到底,就会专心致志,就会不达目的不罢休,这正是狮子每每容易猎到美餐的法宝。对于工作来说,也是一样,认定自己的目标,然后专注于其中,心无旁骛,并把这作为一种价值追求甚至是一种习惯,苦练一种本领,用心钻研一门技术,并持之以恒,就有了成功。

2. 再小的事情也要努力去干好

雷军平是龙钢集团轧钢一线的一名普通维修钳工,个头不高,话语不多,却是个实实在在的"高手"。2017年,"陕钢杯"维修钳工技术比武,雷军平顺利进入前十强,为龙钢集团及他个人赢得了荣誉。

从事维修钳工20多年,每天重复同样的工作,一般人可能会觉得枯燥乏味,但雷军平不觉得,他把工作当成追求,当成爱好,对这份工作有着无尽的兴趣。虽然是一份普通不过的工作,但雷军平一直认为"再小的事情也要努力去做到最好",自己的工作就要一心一意去做,专心致志去干。"板凳能坐十年冷",维修钳工的板凳,他一坐就是22

年。从机械制造专业毕业后，他就一直从事着机械设备的维修、保养工作，心无旁骛，潜心钻研轧钢机械设备的维修保养技术，一心一意，专心致志，就想做一名真正的"专家"，把自己的手艺练到极致，让自己的工作更上一层楼。

随着轧钢产能的不断提高，粗轧主机生产负荷不断加大，A1400减速机高速轴瓦故障频发，使用寿命仅为2个月左右。上瓦碎裂引起的设备事故严重地影响到轧钢的生产节奏。作为维修钳工的他看在眼里急在心头，蹲守现场查找原因，不查出来绝不罢休。功夫不负有心人，他发现减速机高速轴传动过程中，上瓦受力面咬钢时冲击振动过大，且七道次轧制冲击次数多，整个轧机在运行过程中不平稳，振动过大，导致轴瓦使用寿命下降。他急忙向主管领导汇报，同时提出详细改造方案。领导审批后，他利用年度大修时间充分发挥团队协作精神，和工友们克服种种困难，完成了该项改造。改造后减速机轴瓦使用寿命从原来的2个多月提高到18个月。大大减少了设备误机时间，降低了工人劳动强度，提高了生产作业率，降低了生产成本，为轧钢生产顺利进行提供了强有力的保障。为把知识和大家共享，他发表了《同兴轧钢厂A1400减速机改造实践》论文，得到了大家的一致好评。

轧钢设备升级改造，工作量常常是超负荷的，工期紧，经常一干就是一个通宵。因设备改造关系到新旧设备基础衔接，如果细小环节出现问题，就可能功亏一篑。很多东西需要到现场进行测量，然后再通过电脑模拟，再测量、再模拟，反反复复十几次才能确定。对施工图纸要进行反复复核，深刻把握设计意图，对所有测量资料要进行详细记录。他肩挑重担，认真负责，兢兢业业，从无怨言。从土建基础开工到设备安装结束，现场总是看到他忙碌的身影，测基础标高、定螺栓位置、量螺栓标……绝不放过任何一个细小环节，避免出现漏洞。他用每一个细节，保证施工质量。工作虽然繁重，但他却觉得这是给自己提供了一个全面系统的学习机会。面对纷繁复杂的施工条件和不断改变的施工工

艺，他不断地与技术组成员及施工方人员交流探讨，从源头上保证了施工质量。

中精轧减速机K3、K4过渡轴承使用寿命仅为30~40天，基本上每35天就需要更换一次。轴承烧毁后，不仅吨钢材料消耗成本加大，而且更换起来比较复杂，每更换一次需要6~8小时，费时费力，严重制约轧钢生产。他通过现场查看、翻阅资料、和工友讨论分析后，认为故障原因是由于轴承极限转速低，额定载荷小造成的。他经过各方面论证，认为应该对轴承重新选型，于是他制订改造方案，大胆验证自己的想法，改造后轴承的使用寿命延长到了6个月，每月不仅减少了6~8小时误机时间，还大大地降低了吨钢材料消耗。

如今的雷军平，已经是真正的"专家"了，厂里有什么技术上的难题，第一个想到的就是他。对此，雷军平自己还是很骄傲的。

 故事启迪

22年来，雷军平在自己的岗位上以追求卓越、精益求精的"工匠精神"为动力，立足钳工技术，专心致志、潜心精进，终于成为"专家"，这是努力的结果，更是专注的力量。岗位不怕平凡，工作也不用在乎是否普通，只要专注于自己的工作，只要付出足够的努力，耐得住辛苦，守得住寂寞，平凡的岗位同样可以创造不平凡的精彩。

中国一汽集团铸造有限公司模具设备厂模具制造车间装配钳工李凯

军,既有着"大国工匠"的头衔,又有着"全国劳模"的身份,实际上却是一名战斗在生产一线的普普通通的技术工人。在北京参加十三届全国政协第九次双周协商座谈会时李凯军发言说:"要真正成为能工巧匠,就要执着追求、心无旁骛、精益求精、百折不挠,'择一行终一生'"。是的,李凯军的成就,正是对他这句话最好的诠释。

48岁的李凯军是一名普通钳工,但车、钳、刨、电,样样有"绝活",技艺炉火纯青。他曾在首届中国国际技能大赛上获得钳工组第二名,在全国创新创效成果大赛夺冠,还是长春市职工职业技能大赛状元,先后荣获了全国劳动模范、中华技能大奖和杰出长春工匠、吉林省十大工匠、中国十大工匠等多项荣誉称号,是远近闻名的技术"大家"。而这样的技术,是他几十年如一日练出来的。

1989年李凯军从中国一汽集团技工学校钳工班毕业,进入一汽集团铸造模具设备厂做了一名模具制作工人。仅仅7个月,就独立做出了模具。李凯军还记得当时独立完成CA141解放牌卡车发动机盖板模具制造后,等待师傅验收时的情景。验收前他特地在模具上盖了一块布,如同爱惜"宝贝"一般。但负责验收的周师傅才不认为这是什么"宝贝","其他新来的人一年才'出师',这小子7个月能把模具做出来?唬人呢吧!"他怀疑这个布下面的"宝贝"肯定见不得人,没想到揭开布看到的却是一个完美得堪称艺术品的崭新模具,表面光滑如镜,周师傅一下子坐直身子,瞪大眼睛,看着,半晌没出声。最终以苛刻出名的周师傅给李凯军做的模具打了"一等品"。原来,这套模具技术要求非常高,就连几十年的老师傅都认为"这活儿不好干",但李凯军还真干成了。"行!有股子劲儿,是块难得的好料。"平日里素来严厉的周师傅逢人便夸赞。

其实,李凯军所学的钳工维修专业,与模具制造并不对口,但生性要强的他不气馁,"大不了重新学起呗,不是事儿。"李凯军自费购买大量专业书籍,还自学了车、铣、磨、电焊等其他工种的加工技能,以

大国工人的故事：
让你感动到落泪

及三维设计软件的使用方法。他甚至挤出时间报名参加了自考本科，成功拿下两个专业的学历。"钳工这个工种，可不是敲敲打打那么简单。"李凯军说，制作模具，钳工就是一个指挥官，要参与从前期设计到最后拼装的所有流程，"是需要动脑筋的。"李凯军像一颗铆足了劲的"螺丝钉"，但凡碰到棘手活儿，就算绞尽脑汁也要想办法解决，他潜心手工艺革新，创新先进操作法，既省时省力，又提高了加工产品的质量。

对于这个职业，李凯军的责任感更多于热爱。正是这种责任感、好奇心、不服气、敏锐性、爱钻研成就了一位名副其实的"大国工匠"。李凯军一头钻进了钳工世界，日复一日认真地一锉，一削，一磨，一抛，一晃近30年。李凯军在生产操作和产品创新创造方面也深耕了近30年，靠勤学苦练他的"手艺活"让世界叫绝。

有一个重型车变速箱中壳是一汽首次自主研发制造的模具。"这套模具重达33.5吨，咱的天车只能吊10吨。"使用传统的加工装配方法肯定不行，难题落到李凯军头上。他很"享受"解题的过程，经过仔细分析模具结构和装配关系，他大胆想出了"滑块与静模反配、滑块与模具分装"等可移位柔性吊装法，不仅解决了难题，还节约了一半工期。

不久，这套模具在上海市压铸产品博览会上获得金奖，吸引了国内外许多厂家的目光。加拿大国家的一家模具厂想请李凯军加工一套模具，并声称，"要用这套模具考量中国压铸模具的制造水平。""当时老外说，'这个活你们干好了，我们还有很多订单，如果干不好，我们不会再来中国做模具了。"这么一句话"激怒"了李凯军，也激发了他的斗志。谁知模具即将完成，加方却要更改产品，这意味着模具要进行大面积焊补，重新加工。为了完成这项几乎不可能的任务，李凯军和队友加班加点连续奋战了20天。谁能想到，就在焊接工作最关键的时期，李凯军家中传来噩耗，母亲病危。"我很想立刻赶到母亲床前尽孝，可是不行啊！每个项目都有严格的工期，一刻都不能耽误。李凯军咬咬牙，毅然选择坚守工作岗位。

付出总有回报。验收时，这套模具各项压铸参数都符合测试要求，加方代表看得目瞪口呆，"走遍世界20个国家，从未见过一台如此完美的'工艺品'。"对方非常满意，一次性又定了六套，打破了我国压铸模具没有大批量出口的历史，更让我国压铸模具在国际市场上占有一席之地，惊艳世界、令人称奇。

"夫匠者，手巧也"。任凭岁月更迭，匠人追求雕琢永恒精品的心丝毫没有改变，李凯军这双厚重结实的大手，究竟有多巧？2000年，李凯军代表中国一汽集团赴无锡市参加技术交流展示活动，前后16个小时，他精雕细刻，愣是把一个圆球用纯手工的方法锉削成了正12面体，此时，李凯军不是钳工而是一名雕塑师。这样的产品，即使用机械设备加工都相当困难。正是李凯军多年的细磨基本功，成就了他"人刀一体"的非凡本领。雕成的这件"艺术品"、精品，尺寸精度达到了0.01毫米，相当于头发丝直径的六分之一，每个面都光亮得如镜面般闪耀，这技艺简直就是登峰造极。

2017年，李凯军带领团队先后完成国内外各种复杂模具130多套，总产值达1.25亿，节约资金600多万元。做到了件件产品有改进、套套模具有创新，填补了多项国内制造技术的空白，创新成果在生产实践中发挥了巨大作用。

工匠所有的记忆、灵感和技能都在灵巧的双手和眼力上。2017年10月，在中国中央电视台"当代工人"专题节目中，播放了李凯军手持抛光模具用风动工具在生鸡蛋壳上刻出"传承"两个字。当鸡蛋皮被刻掉后，里层鸡蛋的薄膜丝毫没有损坏，还保持原生态。让现场的专家、众多嘉宾和亿万电视观众及网友们惊叹不已，称口叫绝，李凯军展示了"大国工匠"巧夺天工、精巧绝技的风采。

择一行终一生，做一职精极致，李凯军正是以这种专注精神成就了自己的精湛技艺。2000年，李凯军获得首届中国国际技能大赛钳工组

第二名。其后各种奖项和荣誉接踵而至,他已经成为一汽的一张名片,成为让更多青年员工敬仰的"大国工匠"。

现在的李凯军开始带徒弟,用"工匠精神"培养更多的年轻人。从2003年起,一批又一批徒弟传承了李凯军的衣钵,开始在工作中、赛事上崭露头角、摘金夺银,其中朱伟东、刘岩两位徒弟先后获得第四届、第六届全国职工职业技能大赛钳工冠军和团体金牌、铜牌。十几年来,李凯军以匠人之心传艺育人,桃李满天下,他辅导的学生已超过万人,经他直接代培的学员和业内的徒弟已达120多人,他还带出了自己的"工匠团队"。正是有了这些不懈钻研、耐住辛苦的"工匠"们,中国一汽铸造品牌知名度和市场占有率才能不断提升。

故事启迪

不管做什么事情,要成功都需要专注。当找到自己的兴趣和热爱之后,就需要专注。专注说起来容易,真正做起来却很难,因为人总会受到各种各样的诱惑:比如更高的薪资,看起来更好的机会等。人很容易在各种诱惑下不断进行新的选择,今天选择这个,明天选择那个,结果到头来哪个也没做成,浪费了大把的青春和精力。那些我们看到在一个行业干得非常成功的人,正是做到了这个看似简单,实际不容易做到的"专注"。像李凯军这样"择一行终一生"的人,正是赢在了"专注"。

专注的精神往往并不是属于那些聪明人,反而属于那些在别人眼中看起来"固执""有点傻""比较笨"的人。有的聪明人拥有的能量是10,他将这能量分散在多个领域,每个领域他都能赚到钱,但每个领域投入的能量都不超过5;而大家认为比较笨的人,或许能量只有8,但聚焦在一个领域反而会有好的发展。深耕在一个行业中,不断学习、努力的人对行业才会有透彻的见解和作为,这样的人令人敬佩和推崇,他能从茫茫的竞争者中脱颖而出,成为行业的领军人物。

4. 因为专注,所以专业

1973年出生的薛莹,是航空工业西飞国航厂铆装车间的一位女钳工,现任西安飞机工业有限责任公司总厂班长。但就是在这个普普通通的岗位上,她干出了令人吃惊的成绩,走出了属于自己的精彩。她是全国劳动模范、全国三八红旗手标兵、陕西省道德模范、陕西省优秀共产党员,她还是中共十八大代表、主席团成员。一个普通的生产一线工人,何以能有如此成就?如果非要找一个原因,那就是专注。因专注而专业,因专业而成功。

薛莹在航空工业西安飞机工业有限责任公司从事铆接装配工作。一架飞机是由上百万颗铆钉装配而成的,其中有一部分是机器无法装配的,薛莹的工作就是把机器无法装配的组件用手工完成,每一颗铆钉的质量都关系到飞机的安全,每一项工艺的成熟都要经过上千次的训练。

19岁进入企业,到现在当工人已经25年。她一直在做一件事情,一份工作,就是装配制造。在别人看来,25年从事同一件工作会觉得很枯燥,其实看似简单的事,用心和不用心,结果是完全不同的,这会直接影响到产品的质量,甚至影响"中国制造"的形象。和所有中国人一样,薛莹有一个梦想,那就是:用中国工匠的双手做好更多的优质产品,让世界享受"中国制造"。

25年来,她对工作秉持认真负责的职业态度,勇于创新创造、积极主动细致,具有精湛的飞机装配技能和较强的班组管理能力。以她的名字命名的"薛莹班",承担着波音737-700垂直尾翼可卸前缘组件的装配任务。工作中,薛莹坚守"让世界享受中国人的航空制造"的

大国工人的故事：让你感动到落泪

使命，推行"班组管理制度化、生产过程精细化、现场管理精益化、班组氛围和谐化、班组工作快乐化"班组工作法，坚持勤奋学习、刻苦钻研。她带领全体组员改进操作方法、工艺流程，实行精益制造啃下一块又一块硬骨头。波音公司代表提出攻关课题，她带领攻关小组，反复拆装实验，一天在5台不同工装上抬上抬下10余次，通过40个日夜的实验，达到了用户质量要求，实现了"用一个手指的力量就能把前缘装配到垂尾上"的目标，赢得波音公司"用户满意员工证书"。

是全国劳动模范，当然就要发挥劳模的作用。在实地调研中，她细致了解劳模们的工作和未来发展需求，在弘扬劳模精神、劳动精神，更好地发挥劳模示范引领作用等方面做了大量工作。她组建的西飞劳模"匠客梦工坊"，发挥劳模群体智慧，积极参与重点型号生产疑难技术问题、设备问题的解决与攻关。作为陕西军工劳模服务团团长，她组织陕西军工企业劳模先进，先后赴航天四院、陕西秦正集团等单位跨企业集智攻关，传授技能，为高新武器科研生产和军民融合事业发展作出新贡献，为陕西省培养了更多的技术能手和创新人才。

是人大代表，就要为人民作主，为人民谋利。为此她设立"薛莹工作室"，对群众反映强烈的问题进行认真思考与实际调查，先后提出11项议案，其中有一条建议被西安市交通运输局采纳并实施。

薛莹就是这样一位做任何事情都一心一意、精益求精、追求极致的人，这样的人，怎么可能不成功！

 故事启迪

一架飞机是由上百万颗铆钉装配而成的，每一项技艺的成熟都要上千次的训练，他们的工作就是百万与千次的平方。25年只在一个岗位上做一件事情，换作别人，即使万丈热情也被重复的工作磨去了耐心，但是薛莹和她的伙伴们始终怀揣一颗爱国之心，为我们实现航空梦贡献了自己的一份力量。

那些在自己的岗位上不断提升专业水平的人,从来都是一心只做自己的工作,他们的眼睛只盯着自己的岗位,盯着自己的工作,从不马虎,也从不懒惰,正是因为这份专注,他们才会成为专业人才。要练成精湛技艺至关重要的一点,就是心无杂念,就是一心一意,就是集中所有的力量于自己的手艺,因而手艺日日精进,并最终达到极致的高度。左手想画方、右手想画圆,最终的结果大多是方不成方,圆不像圆,徒费精力,毫无成效。成功最重要的特质是专注和坚持。不管做什么事、担任什么职位,尽职尽责,全力以赴,多一分专注于其中,哪怕是再细小的事情,也会做出与众不同的成绩。

5. 用砂子铸出非凡人生

39年来,扎根一线工作,他只做了一件事——读懂砂子,铸好导弹;39年来,靠着一股韧劲,他完成了从初中生到"大国工匠"的华丽转身;39年来,怀揣一颗匠心,他用满腔热情铸造了自己不平凡的一生。他,就是中国航天科工集团第十研究院贵州航天风华公司的铸造工人毛腊生。

1973年,还是初中生的毛腊生在绥阳县农具厂做学徒,第一次在工厂里接触铸造行业。让他没有想到的是,与铸造的这次结缘竟成为了日后毕生的事业。四年后,在遵义市绥阳县团山公社插队的毛腊生,由于表现优秀被公社推荐进入当时名为风华机器厂的航天风华公司工作。在当时,作为农村青年能够进入国营工厂甚至是军工厂工作,十分不容易,毛腊生深知机会难得,暗暗告诫自己,一定要在军工岗位上做好自己的

工作。

初进厂选择工种时，与毛腊生同期进厂的人都选了当时热门专业：车、钳、铣、刨、磨等，而他却偏偏选择了以"苦、脏、累"出名的铸造专业。而在这个俗称"翻砂"的岗位上，他一待就是39年。

刚开始跟师傅学铸造造型操作，毛腊生就遇到了难题：仅有初中学历的他，连基本的铸造原理都不懂，面对复杂的铸造零件，根本无从下手。在一段时间里，毛腊生甚至只能"打下手"，就连师傅也常常说他不开窍，为此没少挨骂，他笑着说："当时被说的最多的就是——笨！"尽管干活摸不着头绪，学习技术十分吃力，但是毛腊生并没有被困难吓倒。实在不会怎么办？"先天不足后天补，必须学！"

"笨鸟先飞"的毛腊生，不怕苦、脏、累，任劳任怨，一边跟着师傅干活，一边留心察看师傅操作。别人休息的时候，他在操作练习，一遍、两遍，对几遍做不出来的零件，便记录下来，请教同事、查阅资料，自己仔细揣摩。

"遇到问题，就是要多思考、多问，一定要把东西搞透。"正是这种心无旁骛、如饥似渴的学习，短短半年时间，他就能够独立生产一般难度的铸件了。

这让毛腊生更加坚定了做好铸造工作的信心，也提升了工作的热情。然而，军工铸造并非想象的那样简单，造出来的东西，不仅要和图纸相同，更不能有一丝纰漏，这是对产品的要求。

要想闯难关，必须得有真本事。于是，他更加自觉、有意识地向老师傅、技术人员请教。曾经有一次，由于图纸不清楚、模具尺寸对不上号，他连续三次骑行到两公里外的技术部门请教。同时，为了弥补文化底子薄的缺憾，休息日里他到公司图书室一"泡"就是一天，放弃休息时间到工厂夜校进行文化补习，还会见缝插针的阅读专业书籍来充实自己。

靠着自学和培训，毛腊生不断探索铸造生产的特性，了解掌握基础知识，积累经验丰富理论。"但是感觉还不够，那就继续学，提升自己。"他用极大的毅力自学了铸造理论和与铸造相关的知识。"铸造的学问太大了，见得多、做得多，知识才能不断丰富。"采访中，毛腊生强调说，正是刻苦钻研才练就了一套过硬的本领，使自己成长为具备较高专业理论知识和丰富实践经验的高级技师。

直到现在，"功成名就"的他仍不放松学习。在他家中的书桌上，堆满了铸造的专业书；他还有一个iPad，在遇到问题的时候就从网上下载资料来学习、实践。因苦苦修炼技艺，毛腊生撷取了常人难以得到的成果和荣誉。他在1994年取得工人技师资格，4年后便成为当时厂里最年轻的高级技师。在他近四十年的工作中，"航天技能大奖""全国劳动模范""中华技能大奖""中国铸造大工匠"等荣誉纷至沓来。

回望走过的路，毛腊生感慨地说："勤奋刻苦为我赢得尊严，精湛技艺让我收获荣誉，而我只是干好了自己该干的一件事。"

在毛腊生的人生历程中，学习和执着是他生命中最重要的两件法宝。正是因为严谨认真的工作态度和勤奋好学的付出，只有初中文化水平的农村小伙成长为如今我国铸造业的"大国工匠"。

某型号军工产品的整体铝合金壳体，形状结构很复杂，产品质量要求又非常高。一米多高的铸件，最大的问题就是尺寸很难达到要求，还经常出现质量问题，合格率较低。毛腊生对生产工艺、操作过程进行仔细研究、分析，在多次摸索后发明了一套新工艺并予以改进，终于成功制作出铸件，解决了困扰工厂多年的关键质量问题。同时，经过改进的铸件合格率由原来的65%提高到了92%，既提高了产品质量又减少了报废损失，仅这一项每年就为工厂节约资金上百万元。

全面且高超的操作技能，加上广泛扎实的专业知识基础，让毛腊生不再只是一名普通的造型工，而是成为一个在修型、熔炼、浇注乃至产品设计上都有较高造诣的技术人才。甲舱是某型号产品的关键舱体铸件，结构极为复杂，技术和精度要求都很严格。由于泥芯数量众多等原因，中

大国工人的故事：让你感动到落泪

心尺寸总是容易发生偏移，其他许多尺寸也难于控制。产品时间紧迫，十几个模具最终都要拼合在一起，一时间困难重重。毛腊生与大伙一道观察和研究，采取增加检测控制量板的方法，解决了这一困扰工厂多年的"疑难杂症"。

一次，工厂接到了一种铝合金铸件的订货。这种铸件尺寸不大，可形状复杂，尺寸精度要求甚高。此前，国内多家专业铸造厂因满足不了要求而束手无策，订货方抱着试一试的念头找到航天风华公司。面对难题，毛腊生和技术人员一起，潜心对工艺、造型、熔炼、浇注过程等反复进行细致研摩，最终找出原因，提出调整合金成分、更改模具、改变浇道数量和宽度等措施，并采用边浇注、边搅拌、边测量的方式，使问题迎刃而解，技术和工艺质量都上了新水平。

从业近四十年来，靠着对技术的非凡钻劲儿和面对生产难题时的韧性品格，毛腊生掌握和积累了大量先进的铸造技术和方法，成功地探索和推广了多项技术绝招，解决了生产过程中很多关键性的技术难题。

在他独自承担或参与的多项关于军民品的技术革新和科研课题中，"某牌号镁合金新材料的研发"通过了部级鉴定并获得航天工业总公司科技进步二等奖。他参加研制的某型医用直线加速器获国家科技进步一等奖，某型医用直线加速器被列为国家新产品。

如今，毛腊生已经60岁了，但是每天在工厂的铸造车间，仍然会看到这个身材瘦小、略微驼背的老人，或是蹲在地上仔细检查学徒们做好的砂箱模型，或是在车间一旁工作室里琢磨新的技术课题，甚至有时候还亲自做砂型示范。作为一名退休后被公司返聘的技术顾问，很多人不理解他的行为，明明已经成了铸造行业高级技能人才，为何还要继续留在翻砂的岗位上？对这些疑问，毛腊生认为自己是受党和国家培养的工人，能做一天，为何不能出一天力？其实，毛腊生有很多机会能够离开铸造一线，进入二线管理层。车间领导为照顾他的身体，常常劝他当当顾问管管质量就行了，可是他每天照样和徒弟们在生产第一线忙碌。

"干铸造这一行,只有把产品做得更好,合格率更高,才能对得起这份工作。"这是毛腊生平日里对员工们说的话。对于不合格、不满意的砂型,毛腊生不管大小总是推倒重头来过。出现不合格产品,总是一头扎进产品寻找原因,宁愿自己多花时间,也要让产品合格。在铸造车间,劳动强度大、噪音大、灰尘大,在这种环境下,毛腊生从不拈轻怕重,难活、累活抢着干。毛腊生不仅自己勤奋工作,对技术精益求精,还注意培养新生力量,毫无保留地传授技术。他所带数十名的徒弟中有技师、工程师、助工等,其中有2名成为国家技师、6名成为高级技能工人。现在,这些人都已经成为车间的新生力量和技术骨干。

在毛腊生的带领下,车间技能水平已然走在了国内铸造行业的前列。毛腊生所在的有色合金小组,也先后荣获全国"五一"劳动奖状、"全国职工职业道德百佳班组"、贵州省"五一"劳动奖状等荣誉称号。在同事们眼中,他既是师傅又是技术指导,他不仅有长者的师德,更有过硬的本领,所以在车间他是最受尊敬的老师,是最受爱戴的长辈。

对毛腊生而言,不只是铸造了一件件精密的产品,更用心血把全力以赴、爱岗敬业的"工匠精神"发挥到了极致,从而铸造了自己不平凡的人生!

 故事启迪

一名初中生,要读懂砂子,铸好导弹是一个天大的困难。连最基本的铸造原理都不懂的他执着的选择了以"苦、脏、累"出名的铸造业,这是做好了吃苦受累、笨鸟先飞的准备,所以在日后的工作中,哪怕是挨骂也没关系,只要能学到本领,掌握技术,怎样都行。进图书室、上夜校、向老师傅们请教,只要能让他明白弄不懂的技术,做什么都是值得的。这样一个对技术痴迷的人,却不是为了荣誉与利益,在做人上他"他既是师傅,又是长辈",不光有师德,还有别人少有的艺德。困难对

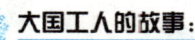
大国工人的故事：
让你感动到落泪

于坚强的人来说，从来都拦不住去路。39年，他既炼就了一身本领，也收获了美丽人生，他是工人，更是工匠；他是长辈，更是榜样。

6. "十年一剑" 成能手

　　十年，他从一个只会理论的"学生娃"成长为一名维修专家；十年，他从初入职场的"小白"成为收获了众多荣誉称号的"大拿"：省职工职业技能大赛优秀选手，省数控技能大赛数控装调工职工组第一名，省技术能手，省"能工巧匠"，省"五一劳动奖章"获得者，全国技术能手……仅仅32岁，却已经是不折不扣的专家。这就是段露彬的岗位成长之路。

　　2007年9月，段露彬从河北大学毕业，进入中钢邢机加工五分厂，成为一名设备维修工程师。他学的是电子信息科学与技术，加工五分厂设备维修主要涉及的是强电领域，为了弄清自己不懂的电气知识，他成为黏人的"小跟班"，与师傅们一起摸爬滚打，是维修现场来得最早、走得最晚的"学习迷"。段露彬以超越常人的韧性和钻劲"守"在生产线上，经常钻进设备地坑查找故障点，一进一出满身油泥。很快，他就从半个"门外汉"成为现场各种数控机床维修的"多面手"，成为五分厂有史以来成长速度最快的电气维修人员。

　　仅仅会维修，段露彬可不满足，他可是一名具有创新精神、敢于与难题较劲的"技术男"。

　　中钢邢机的加工五分厂是目前世界上最大的热轧板带轧辊生产基地，拥有的生产装备在国内甚至国际上居领先地位。而这些先进的生产设备，如果出现故障，仅靠单纯的机械或者电气知识，是难以解决的。

段露彬开始自学多种数控系统技术知识，不断磨练技能的同时，也不时搞点创新发明，在一次又一次攻关中提升自己的岗位技能。

2016年8月的一天，加工五分厂的MK84200机床测量臂突然出现故障，导致轧辊套不能测量圆度。段露彬迎难而上，通过技术手段，查出主轴旋转采集装置出现短路烧毁。厂里没有同类备件可以替代，且采购时间至少需要6到8周。综合研判后，段露彬果断对测量臂的主轴采集装置进行改造，使用分厂拥有的国产编码器代替进口电子板，仅用3个小时就恢复了机床测量功能，保障了生产进行。

HMK180机床是"单打一"的设备，承担着分厂所有工作辊的外皮清除工序，如果该机床长时间停机，将导致后序所有工序难以为继。2015年的一天，HMK180机床两个磨削臂频繁出现报警信号，不能正常运转。段露彬坚守现场13个小时，终于利用自行编制的故障点追踪程序，找到了故障源，圆满解决了这一难题。

10年来，段露彬牵头并参与实施的60余项技术创新课题，有10项获得公司奖励。直接参与解决大型机床技术难题40余项，为企业节约维修费用572万元。他设计制作的触摸屏软件开发培训装置，全面应用于公司电气技术人员的软件开发和培训教学；自主设计的远程近距离观察装置，大幅提高了设备维修效率、降低了停机率；主持研究开发的磨工序全程序自动化功能，助力分厂实现磨工序粗、精磨全程序自动化连续化加工，大幅提高了生产效率……为中钢邢机高端设备功能扩展，实现自主升级改造开创了先河，积累了宝贵经验，为企业进一步推进高性能设备的开发与应用提供了良好范例。

段露彬在不断加强新技术、新领域探索学习的同时，毫无保留地将自己的经验传授给工友，通过细致耐心的"传帮带"，培养出大批技术骨干。作为分厂"数控技术应用职工创新工作室"电气技术组的负责人，段露彬每年平均授课80课时以上；每年组织一次专题培训，人数超过40人/次。在他的带领下，工作室相继被授予邢台市示范性职工创

新工作室、全国机械冶金建材系统创新工作室,并升级为省级职工创新工作室,荣获河北省"工人先锋号"荣誉称号。还完成了《光栅尺在数控机床中的应用》和《数控机床常见故障分析及处理》等论文,先后在国家级期刊上发表。现在的段露彬,已经是行业闻名的"技术能手",是名符其实的"专家员工"。

故事启迪

我们都知道有一个"一万小时定律",这是作家格拉德威尔在《异类》一书中提出的一个成功定律。"人们眼中的天才之所以卓越非凡,并非天资超人一等,而是付出了持续不断的努力。1万小时的锤炼是任何人从平凡变成世界级大师的必要条件。"也就是要成为某个领域的专家,需要1万小时的刻苦练习。那么也可以说,想要成为某个领域的专家,就必须付出一万小时的努力。

段露彬10年磨一剑,艰辛只自知。十年间,图纸是他的朋友,机床是他的良伴,钻研、钻研再钻研,付出、付出再付出,日复一日,月复一月,坚守岗位,兢兢业业,从未有半点懈怠。如此,段露彬才成长为行业专家。他这样的敬业精神、工匠精神、劳动精神值得我学习的。

第七章
一丝不苟,精益求精

拥有某一种绝活的人总是受人羡慕与称赞,就像超人,高高在上,神秘莫测。超人与常人的区别是超人能做常人做不了的事情。在我们身边,在我们的企业里,在生产一线,总有无数这样的超人。他们从来不满足于自己的工作,总是想方设法让自己的工作好上加好,让自己的产品精了又精。他们用近似苛刻的手段来要求自己,只为让每一道工序都完美,让每一项任务都圆满。精益求精是一种态度,是一种精神,更是一种职业修养。

大国工人的故事：
让你感动到落泪

1. 吊臂上的"超人"

在中联重科起重机公司有一位超人，他能用全球最重的起重机吊臂，往瓶子插花。用吊臂插花，也许有人认为那完全是拿重型机器当玩具，无事找乐子。其实这吊臂插花的绝活可不是要花架子作秀，而是检验设备微动性和操作稳定性非常重要的一种方法。大吊车吊风电或者核电那些关键零部件的时候，对螺丝孔的要求设备微动性非常精准。螺丝孔的直径很小，只有20几毫米到30几毫米，这就要求操作者必须反复地调试，做到精益求精才能达到要求。

要把笨重的起重机吊臂操作得像人的手一样灵活，调试各个数据，直至性能达到理想状态，这是需要下功夫的。操作人员只有把每一个简单的细节做到极致，对这个机器的调试才算基本完成。

龙卫国就是中联重科超重机公司的超人。调试工作没特别的窍门，只能是通过反复验证，调整技术参数，这是一个漫长的过程，短则几个月，长的耗时几年，实验超过千次。"这个行业最大的考验就是耐心和毅力。"龙卫国接受这项任务后，凭着自己的拼劲和耐心，终于在这个岗位上练出了绝活。

练出了绝活，当然比其他人要忙碌。龙卫国曾被多次委派到国外进行售后服务工作，在阿联酋气温高达40℃~50℃的沙漠地区，他每天一干就是10多个小时，并积极培训客户，解决了一个又一个的问题，出色的完成了在中东的售后服务任务。在回访大客户回到迪拜参加Big Five展会时，代理商负责人库玛时，连声说有卫国在，我们就放心了！可见龙卫国的招牌哪怕是远在千里之外也是响当当的。

让全世界的每一个客户放心,是中联重科所代表的中国装备制造业走向世界时所必须具备的能力。多年来龙卫国先后负责调试了包含全球最大的汽车起重机、全球最大的轮式起重机、全球最大吨位的五桥汽车起重机等,被誉为"中国汽车起重机调试第一人"。

2012年上海宝马展前期,龙卫国接到了调试新产品的紧急任务,对方要求务必保证其能顺利参展。此时离车展只有几个月的时间。但是任务就是命令,就是责任。龙卫国坚定地接过任务,与同事们经过几个月的奋战,终于完成任务,2012年上海宝马展上,新产品B01、B02汽车起重机成功矗立在上海世博中心。而这个过程中,他们经历了无数个"24小时不停息",经历了无数个"不眠不休"的日日夜夜,但是看着那些起重机,他们心中充满了自豪与欣慰。

龙卫国2001年参加工作,当时起重机的吨位是25吨,如今最高已达2000吨。吨位在增加,对技术的要求也在增加。龙卫国先后攻克了起重机"吊臂旁弯""变幅抖动""卷扬溜勾"等大吨位、超大吨位18项行业技术难题,填补了中国起重机技术空白,打破了国外的技术垄断和壁垒。

"中国汽车起重机调试第一人"的称号不仅让他名气大增,更多的是技术要求越来越高,时间安排得越来越紧。他比谁都忙碌,除了天南地北地调试,他还将自己的技术传授给同行。这些年,他先后培养了20多名调试骨干,培养大吨位及超大吨位调试机手100余名,理论现场授课达千余次。不管是调试机器还是传道授业,充实的工作安排,都是需要时间的。多年来,与时间赛跑,已经成了他工作时的一种习惯。

对龙卫国来说,不管是精益求精熟能生巧,还是钻研探索勇于创新,成就他的是其对每一个细节做到极致的专业素养。这种素养,正是公司董事长詹纯新所极力倡导的"工匠精神";这种素养,正在影响每一位中联人。

大国工人的故事: 让你感动到落泪

故事启迪

精益求精是一种态度,是让工作达到一种新境界,精益求精更是一种能力,只有精于技术,才能求得更精,对于什么事都一知半解,不求甚解的人来说,精益求精是妄想,是痴人说梦。一个人有了"精"的理念,就会有"精"的追求、"精"的目标、"精"的行动。精益求精就是让自己的工作没有缺陷,让工作越来越轻松,越来越有价值。超越平凡并不是去做伟大的事情,而是要求我们在每个零件、每道工序上做到精确、精准。

2. "火车梦"催生的"技术大拿"

郭锐是中车青岛四方机车车辆股份有限公司转向架分厂钳工首席技师,也是两会人大代表。郭锐出生在一个铁路之家,他的祖辈、父辈都是铁路工人。能够亲手制造火车,是郭锐从小的梦想。也正因为这个梦想,他子承父业,成为中国第一代高铁工人。火车梦,一直萦绕着郭锐,也正是这个"火车梦",使郭锐在20年的时间里不断精进,不断成长成为一名"高铁工匠",成为"技术大拿"。

郭锐的巧手,在童年时就已展现出来。当时做钳工的父亲总是会用手中的工具制作出各式各样的物品,这些精巧的物品在郭锐眼中充满着无限的吸引力,于是他跟着父亲不断地学,父亲怎么干,他就怎么学,慢慢地,父亲会的他也会了。9岁那年,郭锐趁父亲没在家,花了一个上午,仅凭几件简单的工具他就将铁皮边角料打造成一只铁桶。这只铁桶的铁皮弯曲、窝边和咬合堪称完美,父亲当时的评价是"毫不逊色于市场上销售的产品"。但是父亲并不希望儿子像他一样做一名工人。但郭锐执意报考了四方机厂技校,做了一名钳工。

1997年,19岁的郭锐进了工厂,跟着师傅学手艺。"师傅"这个词在郭锐心中颇有分量。教他的师傅是厂里有名的"大拿",能解决很多生产难题,所有工人都崇拜他,厂里领导也器重他。跟着这样的师傅学艺,郭锐很开心,不仅学得认真,还在心里暗暗告诉自己,要成为师傅一样的能人。时隔多年,郭锐算是达到了当时的心愿。他带出的徒弟中,有11人成长为高级技师,12人成长为技师,13人成为中国中车核心技能人才。

2002年,第一次参加青岛市技能大赛,郭锐拿了第二名,夺得青岛"钳工状元"的好成绩。当有人向他取经时,他却很低调告诉对方,只要多想,多做,多思考,干活时不怕累,不怕苦就一定能取得好成绩。但是没有人知道,为了练就一身本领,他付出了多少代价。当年住单身宿舍,他几乎每天都泡在工厂里,早上7点半上班,他一般7点之前就到了,下班以后也经常待在车间里。同等情况下干一个产品,别人可能两个小时干完了,他两个小时也能干完,不过他为了追求产品的品质,让自己做出来的产品成为精品,他会加长两个小时。生产过程中如果遇到了问题,可以当天解决,也可以明天或者后天解决,他肯定要在当天解决,"想不明白就不下班",这是他对自己的要求。正是这种工作习惯,锻炼了他的创新能力和解决技术难题的能力,才成为今天的技术佼佼者。4月11日,孩子出生第8天,郭锐作为优秀的技术工人,被派到北京为动车运营提供技术保障。

2007年4月18日,中国铁路第六次大提速。这一天,"和谐号"CRH动车组列车首次亮相。至此,我国铁路最高运行时速达到200公里以上,部分区段时速250公里。"和谐号"分为5个系列,其中一个就由郭锐所在的中国南车四方机车车辆股份有限公司负责生产。2006

大国工人的故事：让你感动到落泪

年，四方公司与日本川崎重工株式会社合作，引进200公里动车组项目，郭锐进入位于青岛棘洪滩的转向架分厂工作。"高铁会成为我国高端装备制造的一个标志性产品"。对这一点，郭锐深信不疑，所以来到这里，郭锐更多的是工作的激情与兴奋。

郭锐从事的工作是转向架生产。转向架对于高铁来说就像双腿之于人体。一个人的腿如果健康正常，就会跑得很快。如果这个腿有了毛病，那肯定会影响到行走，尤其是在奔跑的过程中出现问题，会非常危险。这是郭锐对高铁转向架的认识。转向架虽然看着比较小，但是几乎所有的轴承都集中在一块。如轴箱轴承、齿轮箱轴承，还有制动装置、电机、驱动装置。所以转向架既是行走部分，也是驱动部分，对精度要求很高，装配精度需要控制在0.04毫米以内。

在引进国外技术中，郭锐发现外方专家只会说明装配方法，对涉及装配的关键技术却守口如瓶。为了真正掌握这门技术，郭锐开始自己探索。短短两个月，他就和同事们突破了多项技术瓶颈，让外方专家惊叹不已。这期间，郭锐先后从事了200公里转向架构架研磨，200公里转向架正、反装，200公里、300公里转向架落成、试验，提出5项装配工艺，获得5项技术专利，解决了多个制造中的技术难题。

4月18日，第六次大提速当晚8点30分，看着"和谐号"列车在奔驰一天后平稳驶入车库，郭锐激动得泪水夺眶而出。这些年，他和他的团队装配出的高速动车组超过1000列，安全运行超过16亿公里。

从拥有第一条完全自主知识产权的京津城际高铁，到高铁走出国门、奔驰在数十个国家，从"和谐号"到时速350公里的"复兴号"，中国高铁在不断突破自我速度极限的同时，人们的目光也落到了"大国工匠"的身上。"全国技术能手""中华技能大奖""首席技能专家"这些高端称号一个个围绕着他。但是他一如既往地工作，付出。2015年，中国中车集团成立，承继了中国北车和中国南车的全部业务。4年前郭锐评上了中国南车首席技师，其后两年，拥有了以自己名字命名的

"郭锐技能大师工作室"和"郭锐劳模创新工作室"。工作室提供给郭锐另一个舞台,带徒创新、解决难题,这些都让他乐此不疲。有数据显示,工作室自成立以来,完成了192项攻关课题,发明了140项应用在生产线上的"绝招绝技",创造经济效益3000余万元。

2016年,经过评定,在中车10万多名工人队伍中,有19位像郭锐这样位于"塔尖"的首席技能专家脱颖而出。2017年8月18日,中国中车"高铁工匠"揭晓,郭锐名列58人名单之中。从1997年当学徒工,到成为名副其实的"大国工匠",20年的精研细磨,20年的不断精进,成就了郭锐人生的高度。

 故事启迪

"当你的梦想遇到一个可以实现梦想的时代的时候,你就会不由自主的受梦想指引,跟随它的脚步","想自己造出火车"是郭锐的梦想,他用自己的努力、勤奋、精益求精的精神,实现了这个梦想。

每一个人的梦想,汇成的是国家的梦想,是民族的梦想。只要每个人的梦想实现,国家的梦想、民族的梦想也就会实现。个人的力量虽然渺小,但每一点滴的付出都是离梦想更近的脚步,每一点滴的成功都是实想梦想的助力!当有一天我国制造业站在世界巅峰的时候,也许没有人会想起这些小小的岗位上的重要操作者,但是,制造业的进步史会记住他们,他们的名字叫"一线工人"!

 3. 合格工人的标准就是精益求精

全国"五一"劳动奖章获得者和全国交通系统劳动模范,全国劳

大国工人的故事：

动模范、全国人大代表、全国优秀共产党员、青岛市劳动模范、山东省有突出贡献工人技师、省自学成才先进个人……拥有着无数头衔的许振超，不仅是一线工人的典范，更是新时期产业工人的杰出代表。他的超人般的绝技"一钩准""无声响操作"等技能，几乎成为起重行业的工作标杆。

但许振超并不觉得自己有多厉害，他认为，有几手"绝活"，是每一个工人都要有的基本技能。"当工人要有绝活儿，这是工人的身份决定的，工人就要干好工作，干好工作就要懂技术、有技术，操作上要有自己的绝活儿"。他说"合格工人的标准应该是精益求精"，做自己的工作，就要努力去把它做到最好，练出自己的"绝活"。

1974年许振超中学毕业后到青岛港当了一名码头工人。他操作的是当时最先进的起重机械——门机。许振超勤学苦练，7天就学会，在一起学习的工人中第一个独立操作。然而，会开容易开好难。师傅开门机，钩头起吊平稳，钢丝绳走的是"一条线"；到了许振超手里，钩头稳不住，钢丝绳直打晃。特别是矿石装火车作业，一钩货放下，洒在车外的比进车内的还多。许振超看到工人们忙着拿铁锹清理，感到十分内疚。还有，矿石装火车装多了，工人要费不少劲扒去多的；装少了，亏吨，货主不干。为了早日掌握这项技术，每次作业完毕，别人歇着了，许振超还留在车上，练习停钩、稳钩。四五个月后，他开的门机钢丝绳走起来也一条线了，一钩矿石吊起，稳稳落下，不多不少，正好装满一车皮。这手"一钩准"的绝活，很快就被大家传开了。

除了"一钩准"，还有"一钩清"。一次许振超干散粮装火车作业，发现粮食颗粒小，更易撒漏。他便在工作之余，吊起满满一桶水，练习走钩头，直至练到钩头行进过程中滴水不洒。再去装散粮，一抓斗下去，从舱内到车内，平平稳稳，又一个绝活——"一钩清"。许振超的活干净利索，装卸工人们二次劳动强度大大减轻，谁都愿意跟他搭班。

许振超一直有一个理想，就是当一个好工人，当一个合格的优秀的司机。他的合格的标准就是精益求精。所以,他当时发自内心地去练习操作技术,到后来就成为一种习惯。不管换到哪个工作岗位,都想着怎么提高效率,提高质量。

1984年,青岛港组建集装箱公司,许振超当上了第一批桥吊司机。许振超又钻研上了。桥吊作业有一个高、低速减速区,减速早了装卸效率下降,减速太迟又影响货物安全。于是,他带上测试表反复测试,终于成功地将减速区调到最佳位置。以前一台桥吊一小时吊十四五个箱子,改革后能吊近20个箱子,使作业效率提高1/4。一次,因为大雾整个码头的装卸作业被迫停下,直到中午大雾仍不散。货轮的船长急火火地找到许振超,请求马上把集装箱卸下来。原来,该货轮装载的全是冷藏箱,不料供电电源发生故障,如不抢卸,一旦箱里温度升高货物变质,损失就是好几百万元。一台桥吊有十几层楼那么高,而集装箱上起吊用的4个锁孔,每个不过一块香皂大小。司机在40多米高的桥吊上,要让重达十几吨的吊具的4个爪准确插入集装箱的锁孔中,好天气操作起来都不那么容易,何况大雾弥漫。艺高人胆大。许振超一咬牙答应了。他在船上、岸边各安排两个经验丰富的老司机,通过对讲机随时报告集装箱位置,自己登上桥吊,精心操作。随着船上、岸边清晰的报告声,一个个箱子一钩到位,顺顺利利全卸了下来。许振超凭着过硬的功夫、娴熟的技巧,闯过了雾天作业禁区,为客户挽回了巨额损失。

1991年,许振超当上了桥吊队队长。他在工作中发现,桥吊故障中有60%是吊具故障,而故障主要是由于起吊和落下时速度太快,吊具碰撞造成的。他提出,这么操作不仅桥吊容易出故障,货物也不安全,必须做到无声响操作。司机们一听炸了锅。"集装箱是铁的,船是铁的,拖车也是铁的,这集装箱装卸就是铁碰铁,怎么能不响呢?"说出口的道理很硬,没有说出口的道理更硬:桥吊队实行的是计件工资,多吊一箱就多挣一份钱。搞无声响操作,轻拿轻放,不明摆着要降低速度,减少收入吗?许振超没多解释,自己动手练起来。他通过控制小车

大国工人的故事：
让你感动到落泪

水平运行速度和吊具垂直升降之间的角度，操作中眼睛上扫集装箱边角，下瞄船上装箱位置一点，手握操纵杆变速跟进找垂线。打眼一瞄，就能准确定位，又轻又稳。然后，他专门编写了操作要领，亲自培训骨干并在全队推广，以事实说服人。就这样，"无声响操作"又成了许振超的杰作、青岛港的独创。

当了队长的许振超认为自己有责任带领全队的弟兄们都成为合格司机。同时，对于港口生产来讲，最主要的就是生产效率，只有生产效率高，吞吐量大，港口的效益才好。基于这两点，港口需要培养一支全神贯注、精益求精、掌握高技能的司机队伍，仅有一个高手或者两个技术尖子远远不能满足要求。他把"无声响操作"推广到全队。但一开始大家并不理解，甚至反对，都说我们整天跟这些铁吊车、铁集装箱打交道，怎么会操作起来没有声响呢？再一个，换了一种新的操作方式，必然会降低生产效率，因为新的操作是需要磨合的，在磨合的过程中，生产效率就会下降，这引起了生产调度部门的好多意见。大家都说："老许，你搞什么'无声响'，你把现在的活干好了就行了。"但是许振超还是坚持要推广"无声响操作"，他顶着压力，咬着牙把这项技术坚持下来。结果相当好，生产效率一下子提高了10%到15%，一个小时一台吊车多装好几个集装箱，十几台吊车那就是几十个，一天下来就是几百上千个。效率提高了，职工们从中也尝到了甜头，因为工作需要全神贯注，需要一丝不苟，所以整个队伍、职工的工作风气、劳动风气也起来了，成为一支特别能战斗的团队。

1997年11月，老港区承运一批化工剧毒危险品。这个货种一旦出现碰撞，就有可能引发恶性事故。为了确保安全，码头、铁路专线都派上了武警和消防员，身着防化服全线戒严。船靠岸后，在许振超的指挥下，练就一手"无声响操作"的桥吊司机们个个精心操作，一个半小时，40个集装箱被悄然无声卸下，又悄然无声装上火车。船东代表感慨地说："你们的作业简直是'行云流水'，太神奇了！"

第七章 ◆一丝不苟，精益求精

当了队长的许振超，除了干好自己的桥吊，还想做更多的事。一次，队里的一台桥吊控制系统发生了故障，请外国厂家的工程师来修。专家干了12天，一下子挣走4.3万元。这件事深深刺痛了许振超。他想，如果自己会修，这笔钱不就省了吗？

然而，桥吊的构造很复杂，涉及电力拖动、自动控制等6门学科，就是学起重机械专业的大学生，至少得两三年才能够处理一般性故障。许振超只有初中文化，为了攻克这门技术，他着了魔似的钻研，终于发现，所有的技术难点都集中在一块块控制系统模板上，而这正是外国厂家全力保护的尖端技术——不仅没提供电路模板图纸，就连最基本的数据也没有。

许振超不信。每天下了班，他拿着借来的备用模板，一头扎进自己的小屋里。一块书本大的模板，一面是密密麻麻镶嵌的上千个电子元件，另一面是弯弯曲曲的印刷电路，这样的模板在桥吊上一共有20块。为了分辨细如发丝、若隐若现的线路，许振超专门用玻璃做了个支架，将模板放在玻璃上，下面安上100瓦的灯泡，通过强光使模板上隐身的线路显现出来，然后一笔一笔绘制成图。光分辨这2000多个焊点，已够麻烦了，要弄明白它们之间的连接更麻烦。一个点前后左右可能有4条连线，而且每一条连线又延伸出两条连线，两条再变成4条，最多的变成20、30条连线，每个点、每条线，许振超都要用万用表试了又试，一条线路常常要测试上百个电子元件，直到最终试出一条通路来。这样精细的活，特别累眼，累得看不清了，许振超就到冰箱里取出冰块，敷上一会儿。接着再干，每天晚上坚持干3个多小时。

就这样，许振超用了整整4年时间，一共倒推了12块电路模板，画了两尺多厚的电路图纸，终于攻克了技术难点。这套模板图纸后来便成了桥吊司机的技术手册，成了青岛港集装箱桥吊排障、提效的"利器"。一次，一台桥吊上的一块核心模板坏了，许振超跑到电器商店花8元钱买了一个运控器，回来挨上后桥吊就正常运作了。而这要是在以

大国工人的故事：
让你感动到落泪

前，换一块模板得花3万块钱！2000年，队里的6台轮胎吊发动机又到了大修的时候。许振超找到公司领导主动要求，把这个项目交给他组织技术骨干来完成，一来锻炼队伍，二来节约资金。面对复杂的维修工艺，他与攻关小组一起边琢磨边实践，加班加点，提前完成了轮胎吊发动机的大修。近几年来，经他主持修理的项目累计为青岛港节约800多万元。

就这样，通过一步一步扎实努力，许振超从一名普通的码头工人，成了一名"桥吊专家"；从一名技术小兵，成了码头上人人知晓的"许大拿"。许振超的脱颖而出，没有什么秘诀，用他的话说就是要学习。学无止境。"活到老，学到老"是句老话，许振超品出了这话的"个中三昧"。他用一种严谨的求学态度鞭策自己，警醒自己不能满足一知半解。他注意知识的更新，也注重不断地进取。基于这样的一种认识和百折不挠的钻研精神，许振超入港30年，实现了年年有创新。可贵的是他除了自己学，还带领着工友们一起学，他将自己多年来的驾驶、维修桥吊技术总结编制了一本《装卸桥司机操作手册》，把成才的经验教给大伙。在他的带动下，全队工人把学习的风气搅浓了，一批"桥吊专家"冒了出来。

 故事启迪

"一钩准""一钩清""无声响操作"这些外行看不懂的名词是他苦练的绝活；12块电路模板花去了他整整四年时间，画了两尺多厚的电路图纸，最终攻破国外保护下的尖端技术！把每一项技术练成绝活，这需要付出怎样的劳动才能练成？人们说一万小时可以让人成为一个行业的专家。许振超的这么多项本领需要多少个一万小时？人们无法计算，未尝试的人也无从知晓。其实这位"吊桥专家"也不知道，因为他所有的精力与时间都用在如何改进工艺，精益求精上。

所谓"工匠精神",就是职业精神,就是要把自己的工作做到最好、精益求精、好上加好、追求极致技艺、不断创新创造的精神。五十年代的工人,在这个发展速度飞快的时候能够不被时代淘汰,能够掌握本岗位先进设备的操作技术就已经难能可贵了,而他却从理论到技术,从改革到创新,一路先峰,是什么原因让他有如此的能耐?是一丝不苟,精益求精的精神和永不满足的学习态度。世界上所谓的天才都是勤奋加汗水,他也不例外,所以,他是工人的楷模,也是世人学习的榜样。

4. 中建一局的"超高塔吊第一人"

　　660米高空,触手可及的白云,风在耳边呼啸,这是不是一个很美的画面?位于福田区闹市的中国在建第一高楼——平安金融中心大厦直插蓝天。楼顶,橘红色吊塔转动铁臂,缓缓吊起一捆钢筋。地面,信号工拿着对讲机,清晰地发出指令。坐在660米高空吊塔、平稳操控起吊的,是中国建筑一局的"超高层塔吊第一人"——王华。

　　王华出名,在于"盲吊"。超高层建筑,吊塔司机看不见吊钩落点,只能靠对讲机,与信号工沟通,实施移位、挂钩、起吊,并凭借丰富经验,将吊装物精准送到位。这就是"盲吊"技术。

　　"盲吊"需要的不仅是手感,还有目测、耳听,尤其是刮风下雨的日子,要是配合不好,工作就无法进行。平安大厦项目,最大吊装高度600多米。塔吊司机操作误差一厘米,最终吊装误差就会达10米。大厦有7条桁架,每条长度30米,重达80至100吨,需要两台塔吊配合,吊装600多次。这是一个高风险高难度的技术操作。但是站在地

面，可以看到塔吊运转流畅，指挥人判断吊装物方位准确无误。这便是"吊塔王"在操作。他习惯人一进操控台，手一搭上操纵杆，全部注意力都在塔吊上的工作方式，所以无论天气好坏，很少影响到他的工作。

当上"塔吊王"，王华靠的是自己的拼搏与苦练。1987年，20岁出头的王华离开河南信阳农村老家，加入中建一局做保安，入了党。工作之余，他拜师学艺，逐渐学会水电、塔吊、机修等技术。他跟随中建一局走南闯北，先后参与北京国贸、中央电视台、天津津塔等超高层建筑施工，成为一名技术高超的塔吊司机、全国优秀机械工人。期间他还带出了18名塔吊司机和48名电梯司机。2014年，王华荣获平安项目"十佳先锋"光荣称号。深圳平安大厦项目，是王华塔吊生涯又一挑战。该项目施工高峰期，现场2000多名工人，每名工人平均每天绑扎约1吨钢筋。项目主塔楼安装了4台国际最先进的巨型塔吊，承担钢结构、幕墙、机电、土建等几乎所有材料运输。每台塔吊配备两名司机，三班倒，24小时不停歇。迄今，他们已经完成13万多吊。谁都知道塔吊是高层建筑的运输线，塔吊司机肩负重任，所以在起吊过程中，王华不敢有半点走神。

塔吊，要有技术，还要练胆。王华笑称自己每天的工作分为三步曲——"登天梯""走天路""蒸桑拿"。上班，王华须换乘两次升降梯，至113层，再攀爬60米楼梯，到塔顶操控室，这是"登天梯"；塔吊附着外墙，楼顶与塔吊约有数十厘米间距，靠踏板悬空连接。一般人走在上面，头晕目眩，不敢俯瞰。王华把这个步骤叫做"走天路"；进到操控室，不足1平方米，四周玻璃窗。太阳出来，温度骤升，犹如桑拿房，坐一会儿便汗如雨下，王华称之为"蒸桑拿"。王华每天一坐就是几个小时。上厕所费时间、太麻烦，都得一忍再忍。窗户原本也是可以关的，里面也带有空调设施，如若关上窗户，开启空调，坐在里面，倒也还凉快舒适。但是，关上窗户，问题就来了。一是听不见发动机声音，容易出问题，二是塔顶太高，供电不足，常常停电。为了省去这些麻烦，王华干脆开着窗户工作。三步曲里最危险的，是"走天路"。塔吊伸展的铁臂长达55米，最顶端有动滑轮。每隔一段时间，王华必须从塔座走到塔尖，为动滑轮上润滑油。这是一条实实在在的"天路"！600多米高空，55米距离，巴掌宽踏板。走一个来回，晃晃悠悠，如履薄冰，王华却在上面走了好多年。

塔吊司机属高危职业，危险系数高于消防员。王华在工作中就特别心细。几十年来几乎没有出现重大失误。在大家眼中，他是"高大上""超人"。只有他自己知道，技术靠学，胆子要练。第一次走"天路"，他一样吓得腿发软！是中建公司"不畏挑战、敢于担当、敢于拼搏"的先锋文化精神鼓励了他，让他有胆量一试。他在日记中写道："我们是城市默默无闻的建造者，是幸福空间的拓展者，是在钢与铁、天与地之间舞动铁臂的'正能量'传播者。"

高空作业，孤独、危险而单调。善于发现工作乐趣的王华把这种工作的感受当成诗意。他这样描述："一天中，一会儿艳阳高照，一会电闪雷鸣；一会儿太阳又透过乌云射出光线，乌云下的城市发出银色的光彩；一会暴雨倾盆，楼群像参天大树一样，湿淋淋地矗立在城市中。"工作时，他随身携带纸笔，一有灵感，马上记下来，日积月累，竟然写出了几十首诗。站得高，看得远，他把每一次看到的和想到的都记录于笔下，成为自己快乐工作的见证。

凭着高超的技术，王华在行业内也是小有名气。有不少公司想挖他去做技术指导，但他从来没有答应过，也从来没打算离开。在他心里，始终记得公司对他的培养和关怀。他从一个普通的工人，成了今天的技术专家，并不是他一个人的功劳，其中也有公司的付出，也有同事们的支持与鼓励。这个温暖的集体给了他太多，他会一直在这个行业里做下去，直到做不动，直到退休为止。

在外打拼了20多年，王华与家人聚少离多，最长的，他有四年没有回过家。他知道练就这一身本领不容易，就这样回去陪着家人实在是

对不起国家的栽培，在他心里早已有了计划——再拼搏几年，再教会更多的人掌握这门技术，就回老家，陪陪家人，尤其是辛苦这么多年的妻子，把欠她的，都一一补偿回来。

 故事启迪

600多米高空，从塔座走到塔尖，55米的距离，巴掌宽的踏板，这条"天路"且不说外行人，就算是行业内的人，也不是每个人都有勇气走的。稍一大意，后果会不堪设想。他的胆量从何而来？他的技术为何如此高超？答案不难找，手感、目测、耳听，这些词语说起来简单，做起来恐怕就没有几个人能行了。打拼20多年练就一身本领，同时也养成了一丝不苟的习惯，这才有今天的绝活"盲吊"。所以即使在刮风下雨的日子，同事们都能放心的把工作交给他，只要有他在，就一定能够完成任务。"登天梯""蒸桑拿""走天路"既危险又辛苦的三步曲却让他过成了充满诗意的日子，天地虽广，任我翱翔，这便是我们身边的新时代工人！

 5. 奉献在一线的蓝领专家

孔祥瑞，是大家耳熟能详的全国劳动模范、道德模范、全国高级工人技师，他组织实施技术创新220多项，获得国家专利12项，创造的港口门机"孔祥瑞操作法"闻名遐迩，是实至名归的"蓝领专家"。

孔祥瑞原来是天津港中煤华能煤码头有限公司操作队队长、党支部书记。他在天津港生产一线奉献了40年，从只有初中文凭的门吊司机成长为知识型工人、蓝领专家，是中国一线工人的楷模。2009年，孔祥瑞作为中国工人代表登上美国《时代》杂志封面，2012年，他当选十八大代表，在他的带领下，孔祥瑞操作队先后荣获全国总工会"工人先锋号"等部市级以上荣誉16项，维修班QC小组连续3年获得"全国质量信得过班组"称号，多人成为全国和天津市技术能手。

2004年初，孔祥瑞调到煤码头公司担任操作队队长。面对着从国外进口的价值8亿元的系统联动设备，他整天钻研，费时1年多写出了《安全生产十必须》，确保设备正常运转。不仅如此，孔祥瑞还带领全队职工进行技术创新，先后改进了火车挂钩、耐磨衬板等50多处缺陷，取得了比原设计更好的效果。从此，他边干边学，不停地进行技术改造。他清楚地认识到当今的时代，只要钻研，就有收获；要效率，必须靠科技的道理。所以在工作中，他定下了"三必改"的原则——影响生产的必改、存在隐患的必改、不便维护保养的必改。"喊破嗓子，不如干出样子""没有完美的个人，只有优秀的团队"作为操作队带头人，他坚持召开"诸葛亮会"，举办"员工讲堂"，组织开展"自助餐式培训"等活动。

孔祥瑞刚当值班队长时，天津港因装卸能力不足经常压船，最多时压船100多艘。孔祥瑞整天提心吊胆，自己的门座式起重机装卸队在全港口唱"主角"，起重机可千万不能出毛病影响大局。可越怕事越来事。一个星期天早上，正赶上装一条大船，节骨眼上一台门座式起重机坏了，而从找维修工到设备修好，足足用了8个小时。

孔祥瑞事后说："当时，急得我眼都绿了，跳海的心都有。逼得我不把维修技术拿下来，就没脸当队长！"从此，孔祥瑞把全队所有起重机的基本性能和技术参数死记硬背下来，做到烂熟于心。专业维修工来了，孔祥瑞边看边学，不懂的问题，就没完没了地问。问得人家烦了就说："孔队长，你到底想干吗？你要都学会了，还要我们干吗？"孔祥瑞心想：我的目标就是最好永远不请你们来。

大国工人的故事：
让你感动到落泪

孔祥瑞有一个习惯，就是用小本记下设备故障维修过程，不漏掉任何有价值的细节，并且一直坚持了几十年。小本子已积攒了好几摞，孔祥瑞也成了全国劳模。他说："做知识型员工是我的追求。我可以没有文凭，但不可以没有知识，遇到新问题还得接着记。"

孔祥瑞只有初中文化水平，但他却通过自学拿到了大专文凭，尽管已获得高级工人技师职称，可他学习的劲头却始终没放松。在专业领域，他想出的点子常让专业技术人员吃惊。

1999年，由于连续几次起重机出现故障，并导致起火，孔祥瑞着手研究起火原因，终于查找出起重机中心继电器设计上的缺陷。他带领队里的技术骨干成立了攻关小组，仔细翻阅资料，深入分析研究，大家苦思冥想改进方案，解决了不少难题，但在整体联接方式上一直束手无策，多次试验都不成功。一天，孔祥瑞看见一辆卡车来送货，突然想到用汽车的万向传动轴代替原来易出问题的部件。这真是一个"金点子"，仅仅投入了2000元资金，彻底解决了久治不愈的难题。随后，全港14台同型号门座式起重机都照此改造，再也没发生过起火故障。他们的革新方案被国家知识产权局授予实用新型发明专利，并被起重机生产厂家所采用。当时，参与试制的一位专职技术人员说："孔队长真有点子呀！"

2000年夏天，6号门座式起重机变幅螺杆由于螺杆与螺母产生抱死现象，使起重机大臂抖动，无法正常作业。若更换整个螺杆将需要180万元。总经理是高级工程师，他想只维修不更换，以节省经费。港口找了多家专业维修单位，但提供的维修方案都不见效。眼看着门座式起重机无法使用，每耽误一小时，港口的损失都很大。孔祥瑞再次挺身而出，组织维修班，将变幅螺杆转速调慢，同时起升大臂头部加油润滑，减少螺杆运动时热摩擦，仅靠螺杆自身磨合就解决了起升大臂抖动的大问题。180万元资金支出全节省了。

2001年，天津港吞吐量冲击亿吨大关，作为当时全港最大的装卸公司，孔祥瑞当时所在的六公司承担作业量要达2500万吨以上。但当时门座式起重机作业时间已达极限，一味蛮干只会增加不安全因素。怎样才能让门座式起重机再加把油，全面完成任务？

那阵子，孔祥瑞脑子里总是门座式起重机在转，从起重机抓斗作业的第一个动作到最后一个动作，他眼前不停地演电影。稍感疑惑，就马上跑到起重机前实地观察。经过反复观察思考，孔祥瑞发现，起重机抓斗在放料时，纵向斗瓣先打开，横向斗瓣再打开，其间，起升动作会出现10秒钟左右的停滞。这是个不易被人发现的作业空挡，但有心的孔祥瑞却发现了这个"新大陆"！

孔祥瑞与队里技术骨干共同研究，把抓斗起升、闭合控制点合二为一，并将主令控制器手柄移动轨迹由"十"字形丰富成"星"形，让抓斗打开和提升的两个动作沿新轨迹，用一个指令同时完成。门座式起重机每完成一次作业可节省时间15.8秒，这样一来，可平均每天多完成480吨，当年就为公司创效1600万元。

孔祥瑞主编了全国港口第一本《系统设备故障维修技术指南》，总结归纳收录日常保养和维修的442项做法，目前已有500多项实际操作供一线工人参考使用，成为工人们口袋中的"宝典"。作为全国劳动模范、中华技能大奖获得者，他主持技术创新项目150余项，累计为企业创造效益8400多万元。

 故事启迪

昔日港口工人干的是人拉肩扛的"大老粗"重体力劳动，如今他们正大步向技术型人才队伍迈进。"蓝领专家"的出现，展示了新时代工人的卓越风姿。新时代的工人不仅要继承默默奉献的优良传统，更要具备刻苦钻研、努力创新的精神。越来越多像孔祥瑞一样的"蓝领专家"正在崛起，而他们，正是从"中国制造"迈向"中国创造"的坚强基石。

第八章

团结协作，携手奋进

"咱们工人有力量"，这力量从何而来？从团结而来。团结是一根绳，让大家劲都往一处使，团结是纤夫的号子，让大家行动一致。没有团结的队伍只会分崩离析，没有团结的队伍定将一事无成。不管是领导还是员工，他们都深深明白，团结才能干成大事，团结才能共进退。所以在工人队伍里，我们看到的是携手奋进的和谐，是互帮互助的友爱，是共同成长的足迹。

大国工人的故事：
让你感动到落泪

1. 港珠澳大桥建造团队的故事

2018年10月24日，连通香港、珠海、澳门三地的港珠澳大桥正式开通通车，一桥连三地，天堑变通途，从此港珠澳三地的交流和经贸往来将更为便利，对于支持香港、澳门融入国家发展大局，全面推进内地、香港、澳门互利合作具有重大意义。

同时，这座由中国完成的、被英国《卫报》誉为"新世界七大奇迹"之一的大桥，有人评价其为交通工程界的"珠穆朗玛峰"。这座大桥全长55公里，是世界总体跨度最长的跨海大桥；海底隧道长5.6公里，有世界上最长的海底公路沉管隧道；海底隧道最深在海平面下46米，是世界上埋进海底最深的沉管隧道；对接海底隧道的每个沉管重约8万吨，是世界最重的沉管；世界首创的深插式钢圆筒快速成岛技术，建成东西两个人工岛。此外，大桥还囊括了世界首创主动止水的沉管隧道最终接头、世界首创桥—岛—隧集群方案、世界最大尺寸高阻尼橡胶隔震支座、世界最大难度深水无人对接的沉管隧道等多项世界之最。港珠澳大桥是又一张闪亮的中国名片。

这座目前世界上综合难度最大的跨海大桥，凝聚的是中国工人的无穷智慧，展示的是中国工人的巨大力量。每一项伟大工程背后都有很多为此付出努力并且承担责任的工匠团队。参加港珠澳大桥修建的就有很多个这样的团队。

（1）港珠澳大桥"龙骨"钢箱梁拼装团队。

2016年6月29日上午，港珠澳大桥主体桥梁最后一节钢箱梁在完成吊装后开焊，标志着大桥主体桥梁成功合龙。这是历史性的一刻。有些人也许不知道,镁光灯聚焦下的这节具有特殊意义的钢箱梁,实际上来自距珠海市区不远的中山马鞍岛。

钢箱梁是港珠澳大桥主体桥梁的"龙骨",实际上,主桥超过2/3的"龙骨"均从马鞍岛拼装出海。按照港珠澳大桥"工厂化"的生产要求,2012年开始,港珠澳大桥CB01和CB02标段承建单位中铁山桥集团有限公司(下称"中铁山桥")和武昌船舶重工有限责任公司(下称"武船重工"),各自在马鞍岛上建立起了钢箱梁拼装基地。

武船重工中山基地,巨大的钢构厂房连排站立,气势威武。道路交错纵横,工人们穿梭其间。相比之下,中铁山桥拼装基地的条件恐怕更为艰苦。该基地位于马鞍岛南端,中间有水道阻隔,可谓"岛中之岛"。中铁山桥进驻之前,这里是一片荒岛,全无人烟。2010年,中铁山桥开始了中山拼装基地的建设。建设之初,这里没有水、没有电、更没有网络,进出基地都要靠船舶运输,堪称"孤岛"。

当时面对刚刚吹填好的1000亩地,要在半年内建设完成适应港珠澳大桥钢箱梁总拼装要求的十几万平方米的厂房和胎架,困难可想而知。土建施工近300个基坑承台,房架钢结构就有8000多吨,十几台起重机要制造安装……建设者们不言放弃,迎难而上。

回顾钢箱梁的制作过程,不少员工至今记忆犹新。"那时候是真忙啊!我宿舍阳台上走烂的十多双鞋子就是见证。"有员工笑言。在港珠澳大桥SB01标总监程志虎的《监理日志》中,有这样一段描述:马鞍岛毒辣的阳光虽然不能照进钢箱梁内,但箱梁内却异常闷热。我曾经在早晨的时候拿温度计去测量过,比桥面温度还要高10℃左右(达到48℃),如果换成中午,谁也不敢钻进去。钢箱梁制造之艰辛可见一斑。

2013年下半年,港珠澳大桥主桥工程建设全面加速。CB01标和CB02标均进入了钢箱梁大节段的拼装期。然而,摆在他们眼前的却是,拼装速度远远滞后。原计划每月至少拼装4个大节段,可首轮干了5个月,只拼出了11个。"要是按照这样的速度,我们干到2020年也干不

大国工人的故事：让你感动到落泪

完啊！"为此，项目部成立竞赛活动领导小组和监督小组，在2014年6月专门组织开展了"生产攻坚月"活动。在攻关竞赛进行得如火如荼时，重大关键设备2000吨龙门吊电机突发故障，停摆了。祁连海急得上火，干脆盯在设备旁，组织相关部门昼夜抢修。漆黑的夜里，在60米高的龙门吊上，拆装一吨多重的电机，他没有一句怨言，熬得两眼发红。

在党员的模范带动下，基地上的工人众志成城。有一名带班工人甚至发誓："这个月任务完不成，我就不剃胡子。"

"生产攻坚月"竞赛活动大获成功，当月提前两天完成了节点目标，创造了月拼装完成5个钢箱梁大节段的新纪录。从2014年6月到12月，总共拼装完成了33个大节段，近乎首轮速度的3倍。

CB02标段武船重工的工期也同样紧张。2013年开始的首轮拼装花了3个月时间，照此速度，根本无法完成任务。于是，工程技术人员进行了大量的工艺优化，在项目部，光是有编号的工艺优化通知单就多达600多份。经过采取各种措施，终于赶上了工期。

2016年5月，港珠澳大桥最后一座桥塔"海豚塔"面临吊装。然而，由于受海上工程环境的影响，这座"海豚塔"必须在中山基地180度"翻身"以后，才能运到海上实现吊装。

武船重工在中山基地没有相关设备，中铁山桥挺身而出，把两台全球起重量最大的移动门式起重机借给武船重工使用。"海豚塔"翻身的难点之一在于吊具的设计和安装。就在安装过程中，意外却接连发生了。在塔顶吊具顺利安装后，塔底吊具却始终安装失败，由于极其细微的误差，吊具的轴无法穿过"海豚塔"的镗孔。

就在大家无计可施的时候，党员华杰主动请缨，背起十几斤重的千斤顶爬上"海豚塔"，在高空花了近2个小时，硬是把轴顶进了镗孔，顺利安装了吊具。

"海豚塔"的"翻身"整整用了3个昼夜，华杰在现场全程跟踪，没有睡过一个安稳觉，累了就在工程车里躺一会，被监理和业主称为"铁人"。华杰笑着说："这一次，连中铁山桥的人都吃惊：怎么白天是你们这帮人，晚上还是你们这帮人，都不用睡觉的吗？"

武船重工的"潜规则"在中铁山桥似乎也很适用。2014 年是港珠澳大桥钢箱梁制造的攻坚年。进入 7 月份以后，CB01 标中山基地上有员工高达 1300 人。当时正值高温酷暑，蚊虫肆虐，施工人员的健康状况遭受到了不小的挑战。SB01 标总监程志虎创造性地提出，组建工地卫生队，改善工地卫生和医疗条件。安全环保部老党员马学利自觉站出来，担任起工地卫生队队长。他很快组织 72 名有爱心、有责任感而又熟悉卫生防疫的员工，担任工地卫生员；请来地方卫生防疫专家，对卫生员进行业务培训；组织各施工队清扫卫生，消除死角，改善环境；买了必备药品和防暑降温饮品，组织熬制绿豆汤等；成立了工地卫生室，小病不出岛，深受员工们的好评。

正是团队成员的互帮互助，共担风雨，共度艰难，最终，"龙骨"顺利合龙，任务圆满完成。

（2）CB04 标段建设团队。

珠江口伶仃洋，水文地质环境复杂，要穿越中华白海豚保护区，又处珠江航运最繁忙区段，世纪工程港珠澳大桥主体工程 CB04 标段作业区域，施工难度世界罕见。

超长桩基高精度沉桩成孔、超大墩台独立构件混凝土一次成型、深埋式预制墩台止水作业、超重异型钢塔空中转体和精准就位、超重钢箱梁抬吊协同管控……整整 4 年 1400 多个日夜，这个来自广东省交通集团所属广东省长大公路工程有限公司的施工团队，用专注、坚守和担当，突破一系列难题，屡创奇迹！

深海作业，首当其冲要解决的问题是水——施工时必须在水中隔出一个封闭干燥的空间，而这个空间的每个接缝，都要防水涌入。长大公司是港珠澳大桥主体工程承建者中唯一一个省属企业，却盯上了最难啃

大国工人的故事：
让你感动到落泪

的"硬骨头"之一——胶囊止水法。

"相对于钢圆筒、钢围堰法，胶囊止水法成本较低，而且可以突破10米的水深限制。但这种新方法技术难度高，还需要止水材料研发有突破，兄弟单位也鲜有成功的先例，没有相似经验可借鉴。"质疑、反对纷至沓来。

60年代跨沟渠、80年代跨河道、90年代跨江海，新世纪跨出国门开拓"一带一路"业务，长大公司在攻坚克难中长大。"参与建设世界最长、技术难度最大的港珠澳大桥工程，是公司发展的里程碑，我们不能光满足于完成任务，更要借此实现工艺上的跨越，力争形成一些国内外叫得响的技术专利。"在董事长刘刚亮的坚持下，长大决定：拼一下，上胶囊止水法！

新工艺有三道止水工序，最难的是止水材料的抗压性能。项目总工陈儒发带着研发团队一年多踏破铁鞋，终于锁定湖南株洲一家公司，一起研发出一种全新的止水材料，在模拟实验中可以承受20米水深的压力。

调试、失败、暴露问题、解决问题，光充气管道的固定位置就试了五次。工区总工程师谭逸波吃在现场、住在现场，安装第一个沉台耗费了78天，装最后一个沉台时，愣是缩短到40天。"目前只有长大掌握这项技术，我们已经申请了3项专利。"CB04标段党支部书记罗锦鸿自豪地说。

"中国桥梁，雄起！"2016年3月31日，CB04标段非通航孔桥工区最后一片钢箱梁吊装完成。现场的指挥员、工程师和工人们都涌到成功合龙的桥面上，发出这样的呐喊，独独不见工区负责人陈永青。找到他时，这个高壮的七尺男儿正用工作服套住头，闷在里面痛哭。"这些日子太难了，一下子压力卸下了，情绪就涌上来了，没忍住。"

太难的日子实在太多。2016年春节前15天，大家正准备回家，突然接到通知，要求赶在第二次寒流到来前装完7片钢箱梁。那天晚上，陈永青把大家召集到一艘小船上,语气虽跟平常一样,但大家听来分量格外重。常规吊一片钢箱梁要五六天,现在相当于两天完成一片。

只有两个字:执行。那些天,整个团队黑白两班倒。一位30岁的测量工程师,做室外测控时一动也不能动;常常睁一只眼闭一只眼,一定就是半个小时。尤其在夏天,几个小时暴晒下来,变成了一边黑一边白的"阴阳脸"。

CB04标段有一对"夫妻档",在综合部搞后勤的妻子小白,和在海上施工平台工作的丈夫小唐一上一下,相隔只有几海里,却十天半月见不了面。2016年3月百日会战打响后,夫妇俩就把小孩送回了老家。有一次,项目领导在微信群里表扬了小唐,抑制不住兴奋的小白在后面跟了一句"老公加油!"同事们才意识到,小唐已经15天没上岸了。

外海施工,夏天台风袭击,冬天北风肆虐,海面风高浪急。罗锦鸿说,大家最初出海施工,"都是先吐上一两天,再晕上一周,才开始慢慢适应船上生活。有时候风浪太大,整艘船上下晃动整晚睡不着。"苦中作乐,大家自嘲:"我们住的是360度海景房。"

罗锦鸿自己也是2012年签订项目承建合同前一天过来的,在工地上度过了四个春节,直到2017年大桥主体工程完工后,才得以回老家过了一次春节。"然而,相比那段宝贵的人生经历,大家都觉得辛苦不算什么。"罗锦鸿揉了一下微微发红的眼圈,"怎么说呢?世纪工程,有我一笔!"

(3) 大桥建设环境预报团队。

2017年5月2日,天朗气清,风平浪静。伶仃洋的海面上演了一出完美的"深海穿针",港珠澳大桥最终接头在海底29米处成功对接。很少有人知道,为了寻找这个最佳的施工"窗口",国家海洋预报中心总工程师王彰贵和他的团队已经做了一年多的观测和试验。

从2011年起,王彰贵团队开始接手港珠澳大桥环境预报工程。七年间,他们为大桥建设订制精准预报,在变幻莫测的深海中、在台风频

大国工人的故事：
让你感动到落泪

发的洋面上，屡次助建设方抢出"施工窗口"，成功保障了港珠澳大桥海底隧道 33 节沉管和最终接头的安装对接，也为主桥梁的最终合龙提供依据。

台风、强对流、异常波、大径流、泥沙回淤、深槽大流速……随着沉管安装的深入，团队不断遭遇前所未有的棘手问题。几年来，王彰贵带领预报团队，用科学的观测和试验逐一破解难题，开发出一系列专业的预报观测系统，填补了海洋研究领域空白，保障了世纪工程的安全建设。此外，他们与建设方一起，在国内首创了"施工窗口"的概念，为未来重大海上工程建设开创先河。

王彰贵博士是这个团队的带头人，在国家海洋预报中心就职多年。尽管历经蛟龙号、雪龙船极地科考等国家重大项目，他还是觉得港珠澳大桥的难度还是前所未有的。"从来没有一项工程对环境预报的要求如此精细、预报时效如此长，规模还如此浩大。""不仅如此，珠江口外海海底深槽里的海流分布状况，国内外研究还均属空白。"王彰贵说，这意味着，面对深海中的诸多未解之谜，他们的观测要从零开始。

接手后，凭借过硬的专业知识和丰富的预报经验，王彰贵带着团队成员用了一年多的时间，对珠江口海域进行数据观测和分析，终于找到了珠江口深槽流速的新规律。随后，王彰贵带领团队建立了一套 24 小时、每分钟观测潮位、海浪和海流的监测网。自此，团队得以稳定地向建设方预报施工"窗口"，沉管安装的环境预报工作也走上正轨。

台风是伶仃洋海域施工的一大难题。2014 年，沉管 E11、E13 安装时均遭遇了两次台风夹击的问题。根据王彰贵团队的预报，两节沉管在前、后台风的缝隙中成功安装。2016 年，东人工岛与海底隧道相接的沉管 E33 安装又遭遇了新的问题。当时，台风就在施工海域外 290 公里原地打转，施工面临风险，但如果不施工，下一个工期要等 4～5 个月。"一般情况下，预报工作会偏保守，遇到这种情况就放弃了。"但王彰贵知道，4～5 个月的工期对于港珠澳大桥来说意味着什么，只要有机会,他和施工方都不会放弃。再三判断后,王彰贵团队给出预报结果:"外围有影响,最大阵风6级,平均风力5级。"5级风,意味着可以施工。2016年10月7~8日,在台风外围,E33管节顺利安装,创造了200公里外台风移动下开展沉管安装的施工奇迹。

王彰贵已58岁,这在工程建设领域来说已是高龄,但他从来没有表现出疲累的样子。参与过沉管安装的人都知道,跟船是件极辛苦的事。安装船上空间少、人员多,没有睡觉和休息的地方,累了只能在椅子上坐着或者站起来活动。几十个小时耗下来,哪怕是身强体壮的年轻人也受不了。但王彰贵几乎每次都跟船,他永远冲在最艰苦、最困难、压力最大的地方,每次施工30多个小时,两天一夜他基本不睡觉,全程盯着大屏幕,高度紧张。别人下船来都累得不行,他还是保持精神抖擞。

在他的带动下,团队里的每一个人都养成了不怕吃苦、坚守一线的习惯。汪雷是王彰贵的学生,在他眼里,老师就是榜样。"这么长的战线,有时候我们也会懈怠,但是看到王老师这么大年纪在船上不睡觉,自己也不好意思睡觉。"

2014年,汪雷博士后出站后便加入港珠澳大桥预报团队。为大桥做预报的几年,虽经历不少艰辛和困难,但他从没想过放弃。2017年4月,最终接头进行安装前试吊,汪雷接到通知,要立马飞过去做起重船"振华30"的抗流试验。当晚,汪雷和队员姜亦飞一下班就赶往首都机场,衣服和洗漱用品都没带就赶往现场。连续三天三夜,汪雷他们漂在一艘小潜水船上,没有足够的食物,没有睡觉的床,只能坐在椅子上。谈起当时的经历,汪雷已经淡然:"当时觉得苦,现在回想起来还很怀念。"

团队中负责海流精细化预报的潘丰同样是个能吃苦的年轻人。2016年5月,因为极端天气航班延误,潘丰他们乘坐的飞机凌晨2点半顶着满天闪电在广州降落。凌晨5点半抵达珠海,7点,他们便起床上船,

大国工人的故事：
让你感动到落泪

开始了将近 40 个小时的洋流观测，直到第二天下午 6 时才下船。因为行程被耽误，他们的吃、穿、睡也成了奢望。团队成员杨幸星形容："白天被雨淋湿的衣服还没干，晚上冷风就来了，不敢睡觉，一睡就感冒。"

女将也不例外。黄焕卿是团队里的高级工程师，参与过蛟龙号、雪龙船极地科考等重大工程，累计出海天数已达 800 多天。在港珠澳大桥工程中，她主要负责气象预报。虽然很少跟船，但每次安装期间，黄焕卿都在位于珠海唐家营地的预报中心办公室和现场人员一起熬夜做预报。2016 年 3 月，沉管 E25 安装完成已是深夜。凌晨 2 点，刚结束工作不久的汪雷接到黄焕卿电话："我眼睛快看不见了。"汪雷迅速赶到黄焕卿住的酒店，见到她时，因工作用眼过度，黄焕卿的双眼已经肿得睁不开。在最近的医院上完药后，已是凌晨四五点。又过了一周，黄焕卿的眼睛才完全恢复。

这个团队的每一个人都很"拼"，都是全身心投入，休息很少，对工作的要求则是精益求精，永不满足。在王彰贵看来，正是团队里的年轻人在背后的坚守和付出，才有了今日的成绩。

 故事启迪

最好的团队并非是几个领导人就可以，而是需要大家的共同努力与付出，需要大家团结一心，互帮互助。一个团队最大的幸福，是大家相互帮助，无私奉献，真诚感动；一个团队最大的感动，是大家彼此包容、彼此帮助，共同成长；一个团队最大的满足，是有人在守候，一直在默默的付出；一个团队最大的奢求，是一群朋友懂得珍惜，懂得感恩；一个团队最大的享受，是能收到宝贵的信息、激励的话语和成功的喜悦；一个团队最大的财富，是传播正能量，拥有志同道合、相亲相爱的同事和伙伴！

2. 和谐奋进的检修"铁军"

在极地严寒的根河有一支被赞为电力检修事业"铁军"的队伍，他们日夜奋战在生产一线，这就是根河热电厂检修部。

根河热电厂作为华能在我国纬度最高的集中供热单位，每年长达9个月的供热工作容不得半点闪失，为此，电厂检修部严抓细抓检修过程安全，把提高检修质量、减少设备故障作为重中之重。

2012年6月，6号锅炉大修验收时，内部分离装置安装不合格，锅炉专工杨立彬拒绝签字。他说："丁点大的错误也会导致恶果，设备带病工作也许不会马上崩溃，可是，隐患在，早晚是个病！"检修部有一批像杨立彬这样能力强、技术过硬的负责人，严防死守，将检修质量做到最优。

2012年12月22日凌晨2点，一阵急促的电话铃把电气检修班班长刘巍惊醒——燃料吊车发生故障，已经影响到上煤！刘巍冲出家门，火速赶往单位。不到20分钟，便与另外两位员工在卸煤班碰了头。小零件操作无法戴手套，在距地面12.5米的高处，3人每10分钟就得换次岗。最低气温降至零下44摄氏度，寒风在脸上"切割"着，手犹如被冻在了攥着的金属工具上，以前一分钟能拆下的零件现在得好几分钟，双脚钻心地疼，腿也僵直不能弯曲。一个多小时后，冻成坨的电线被砸开，断了的线被一一接上，吊车又开始自如地将燃煤送到漏煤口……

这个团队之所以被称为"铁军"，就是因为他们特别能打硬战、破危局、建奇功。从2012年初至今，检修部开展各类检修48项，抢修38项，近90场战役全打得很漂亮，确保了机组稳定、安全生产。

大国工人的故事：让你感动到落泪

2012年1月5日，根河地区气温降至零下50摄氏度，2台水膜除尘器被严重冻堵，不及时清理将导致大面积停热。这场战役很艰难：费尽九牛二虎之力抡起镐头，镐尖儿和冻土层都擦出了火花，冰上却只砸出个浅浅的白印子来。许多员工双手震出了泡，甚至磨出了血，却谁都不下"火线"。经过两天两夜并肩奋战，终于"啃"下这块硬骨头。

多年来，检修部完成多个重大改造项目，通过技术改造解决了8个难题，共节省资金70余万元。

这个团队更是一个团结、和谐的温暖团队。检修部员工平均年龄46岁，年龄虽大干劲却足；高血压、糖尿病、腰椎间盘突出等疾病困扰着近三分之一员工，病号虽多但从不误事；24名党员分散在不同岗位，发挥着模范带头作用。每一个人都尽心尽力，为团队奉献自己最大的力量。6号锅炉大修时，老焊工、共产党员矫强自告奋勇选择了全部夜间工作，白天小睡一下便去现场当技术指导，让年轻焊工特有主心骨。大家心疼地说："矫哥，这些天都把你累瘦了！"矫强很风趣："正好减肥了，下次还由我来打夜战！"为了给锅炉风扇磨电机更换轴承，共产党员、电气检修班副班长王洪超在灰尘中爬上爬下，呛得直咳嗽，气喘吁吁地将重达7吨的电机独自用"手拉葫芦"一点点拉起、挪出。

检修部主任王东全的大手粗糙得像老松树皮，那是班组克服重重困难的见证；副主任孙辉矫健的身影时时出现在检修、抢修现场。有这样的带头人，工作当然响当当。闪光的业绩正是由这个团队的134名最美员工倾注心血共同筑就的。

检修班不仅安全抓得牢，效益提得高，团结和谐更是一大特色。年轻的员工说："在这里工作，大家心里时刻洋溢着感动、充实与自豪。"团队里互帮互助、相互温暖的故事数不胜数。

员工电气二次班技术员小张的母亲病重，为了方便小张照顾母亲，班里的员工主动轮流替他值班，让他安心陪伴母亲走完余生。母亲病逝后，班里又安排同事一起帮他处理好后事。在大家的帮助下，小张没有因为照顾母亲而耽误工作，集体的温暖给予了他更多的正能量，他也更加热爱这个集体。

 故事启迪

理解、宽容和关心才能让自己的兵以自己为中心，团结在一起，大家劲往一处使。几十年的工作经验让他深深明白，一个团队团结的意义。所以他时刻要求自己也提醒他人，融入团队！俗话说一枝独秀不是春，百花齐放春满园。团队中相互取长补短，相互学习、讨论，工作自然就会效率高。只要能融入团队，让团队和谐，奋进。"人心齐，泰山移"，有了团结，任何前进路上的阻碍都是弱小的；有了团结，任何困难都不成问题，对于一个团队来说，员工之间只要有了团结，有了相互扶持战胜困难的决心，就没有做不成的事业。

 ## 3. 荣誉属于大家

在 2017 年度国家科学技术奖励大会上，由浙大一院传染病诊治国家重点实验室、感染性疾病诊治协同创新中心主任李兰娟院士领衔，联合中国疾病预防控制中心、汕头大学、香港大学、复旦大学等 11 家单位共同完成的"以防控人感染 H7N9 禽流感为代表的新发传染病防治体系重大创新和技术突破"项目获 2017 国家科学技术进步奖特等奖。这是该奖项自设立以来，我国医药卫生行业、教育行业"零的突破"。作为这项成果的核心人物，李兰娟却说，这份荣誉属于大家。

"这次到北京领奖，是我们团队里 18 个人，但是这个奖同样属于浙

大国工人的故事：让你感动到落泪

大一院9号楼的160个护士、40个医生。"李兰娟说，在2013年人感染H7N9禽流感流行时，浙大一院9号楼收治了来自全省的危重病人，160名护士以及40名医生在这里用尽一切办法救治病人，是大家团结协作、共同努力，才取得了这一成就。

2013年春，华东地区突发急性呼吸道传染病，病情进展迅速、病死率高，由于病因不明，一度造成社会恐慌。该传染病的病原是什么？传染源是什么？通过什么途径传播？如何开展救治？李兰娟迅速组成了项目团队，开始攻关作战。

疫情报告后五天内，项目团队通过已建成的全球最大传染病监测网和数据库，迅速发现并确认了突发疫情病原是一种全新的H7N9禽流感病毒，揭示了H7N9新病源演化进化规律，并第一时间向全世界公布了该病毒全基因组序列，为全球共同应对该新发传染病赢得宝贵时间。这是团队成员齐心协力、团结合作才得以快速识别出来的。

疫情发生后，为进一步确认传染源，李兰娟迅速组建一支30多人的采样小组，一面深入各种人迹罕至的候鸟栖居地，一面前往去养殖场、菜市场购买家禽后采集粪便取样。1个月内，项目组"锁定"传染源，发现活禽市场禽与患者的病毒基因同源性高达99.4%，证明活禽市场是人感染H7N9禽流感病毒的源头，倡议关闭活禽市场，避免了向全国播散的灾难。这也是团队的力量。

病原找到了，传染源也锁定了，那么到底是什么导致了H7N9病毒禽传人？又是什么原因导致患者重症甚至死亡？项目团队从白天到黑夜连轴转，从蛋白结构到动物模型进行多角度解析，终于首次发现揭示导致H7N9病毒禽传人的关键分子机制，揭示人感染H7N9病毒导致患者重症和死亡的关键原因是患者存在"细胞因子风暴"，为全球人感染H7N9禽流感治疗提供了指南。这同样是团队的力量。

病原发现后两天内，项目组便成功研发人感染H7N9禽流感病毒快速检测试剂，三天推广至全国31个省市，七天由世界卫生组织向全球推广；两个月内，项目组成功研制了我国首个人感染H7N9流感疫苗种子株，打破我国流感疫苗株必须依赖国外提供的历史，填补我国流感疫苗株自主研发空白。如果不是团队的力量，仅仅依靠个人，是绝无可能做到的。

为了突破人感染H7N9禽流感病毒高病死率难点，项目组创建了早期抗病毒、抗休克、抗低氧血症、抗继发感染和维持水电解质平衡、维持微生态平衡的"四抗二平衡"救治策略，系统揭示人感染H7N9禽流感临床特征，并创造性的将"李氏人工肝"用于重症H7N9救治，发现能有效消除"细胞因子风暴"，显著降低患者病死率。而这些，是通过临床实现的。浙江大学医学院附属第一医院9号楼，是2007年由李兰娟院士亲自设计的一幢传染病救治楼，五楼是负压病房。2013年，H7N9疫情暴发后，在这里，近40位医生、160位护士历经了一场场临床协同战，并最终挽救了一个个生命。

科学的突破与创新，从来都不是一蹴而就，其背后离不开临床与科研的紧密结合，离不开一大批人才队伍建设，离不开科研协同攻关，更离不开团队成员的齐心协力。

在浙大一院内三级生物安全实验室（简称"P3实验室"）内，项目成员在身体极限中进行科研攻关。P3实验室最大负压值达－65帕，相当于青藏高原海拔4000米的大气压强。项目成员杨仕贵说，"科研人员每进一趟P3实验室，就像去了一趟拉萨，有种被掐着脖子一样的感觉。"就是在这样苛刻的科研条件下，我国首个人感染H7N9病毒疫苗种子株在这里研制成功。

项目团队所取得的重大系列科研成果，在国际顶尖杂志发表SCI论文248篇，总影响因子1857.917，5篇入选中国百篇最具影响国际学术论文，获专利17项，编写专著25部，发布指南38个。研究成果入选2013年度中国科学十大进展。恰如李兰娟院士所说，成就是大家齐心协力取得的，荣誉也是属于大家的。

 故事启迪

俗话说,"一个好汉三个帮""单丝不成线,独木不成林",伟大业绩的取得,绝不仅仅是个人的力量,而是大家齐心协力、团结一心共同创造出来的。一个人可以走得很快,但是一群人可以走得很远,一个人,不论本领有多大,作用多重要,也不可能干出大事业。如果不懂得合作,不在意他人的付出,不愿意与大家分享成功,最终,只会成为孤家寡人,一事无成。一个团队,最重要的是团结一心,是互相尊重,是有福同享,有难同当,是心心相印,互帮互助,这才是团队无往不胜、无坚不摧的秘诀。越是优秀的团队越团结一心,越优势互补,这正是李院士团队给我们的最大启示。

 4. 团队的主心骨

王立军是佳木斯北方桦南分公司烧成车间班长,他身材瘦弱,却很有力量;眼睛不大,但炯炯有神。在他身上有很多光环,他是生产标兵,是劳动模范,是"全面手"。在桦南公司,他是名人,只要一提及他,总有人赞口不绝。但是见到他本人,却看不出半点与众不同,他随时都显得从容、平静。

桦南县水泥厂关停之后,人员重新分流,他被分配到中控室甲班任副中控。他留给同事的第一印象是聪明务实,虚心好学。通过细心学习,到任没几天,就可以进行简单的操作了。他总是将中控室的操作台整理得整整齐齐,不管刮风下雨,他总是一个人去食堂为大家打饭。即

第八章 ◆团结协作，携手奋进

使是刚融入团队，大家对他印象却很深。

工作中他勤快，也机灵。出磨生料不稳，不用任何人指派，他马上取个生料样送到化验室，熟料质量不好，几分钟熟料样又出现在了火工的面前，不管是哪个岗位，哪里有问题哪里就会有他的身影。就这样，他凭着睿智与毅力，短短几个月内便掌握了整个烧成系统的全部操控技能，他的进步，领导和同事们都看在眼里。很快，他从一名普通的岗位工人成长为班组里的"领头羊"。而这一切来得并不容易，他付出的比别人多，才学得比别人多。汗水与成绩总是成正比的，他知道，不努力学习，自己是无论如何也无法超越他人的。

进入5月份以后，受国际经济危机的影响，桦南分公司进入了限产保价及设备维修和现场清理阶段。那段日子，王立军显得比生产时更加忙碌，每天几乎都是脚不沾地，哪里最艰苦、哪个任务最紧要、哪里人手不够他就会出现在哪里。以至于同事们为他总结了几个"最"——脸最脏、手最脏、衣服最脏。王立军却不在乎这些评价，在同事们的调侃中，他照常忙碌，照常找事做。调侃归调侃，在同事们心中，他的每一举动都值得学习和敬佩，大家渐渐地将他当成了榜样，当成了先进。

清理煤粉仓是众多清理工作中任务最为艰巨的，也是最具危险性的。王立军主动请战，同班组的同事们知道他的性格，如果大家不乐意干这个苦活，他会一个人默默地做完为止。所以班组里得知他的请战，没有人埋怨，而是选择了站在他一边，决定与他一起完成任务。那时正好是五一长假时间，为了保证按时完成任务，避免煤粉在仓内存放时间过长产生自燃，导致安全隐患或造成不必要的经济损失，他与整个班组的成员一起放弃了休息时间，加班加点地投入到工作当中，尽管很多人迷了眼睛，尽管汗水湿透周身，尽管除了满口牙之外他们浑身通黑成了"煤人"，可他们没有一个人叫苦，更没有一个人退缩，在大家的齐心协力之下，终于啃下了这块硬骨头，出色地提前完成了清理任务。

接下来进入了生料磨篦板、衬板的拆卸和安装阶段，这是一项三班

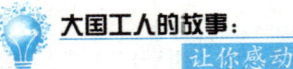

大国工人的故事：
让你感动到落泪

互相比智慧、比体力、比技巧的工作，王立军首先在班组中集思广益，想出了多种有效、节能并可以科学加快进度的工作方法，在安装速度上一路遥遥领先，安装质量也全部达到了技术要求，创造了衬板拆装数量最高、质量最好的纪录，受到了全车间乃至全公司的一致好评。

8月12日，根据市场需求，回转窑重新恢复了运转，工作的重心也随之发生了变化，设备保养、巡护、日常维护也便成了日常工作。这时应该说比往日要轻松了，可王立军丝毫没有歇息的意思。他立足本岗位，放眼全车间，不论是涉及工艺、设备、还是电器，只要有他在，所有的问题都会迎刃而解，使自己逐渐成为了领导的好帮手、好参谋，也成为了员工中最为信赖的"全面手"。

2012年11月的一个夜晚，23点31分，马上就要交接班了，回转窑6#托轮轴瓦突然高温，王立军俨然一名头脑冷静的指挥官，迅速组织班组成员投入到紧张的战斗中。他先派人用测温枪现场测温，确定是否为超温假信号，同时指派窑机械工检查托轮油位、油膜状态及冷却水状态；指派煤磨工给备用托轮瓦油加温，降低油粘度；指派废气岗位工准备带嘴油桶；指派爬斗工准备铁丝、钳子、水管。说得迟，做时快，这一切仅在5分钟内就准备就绪，在王立军的指挥下，大家有条不紊地用带嘴油桶交替向温升的轴面淋油，排出旧油；在该瓦循环水出水管处接水管，使循环水外排，加大冷却水量；用高压风吹高温点。在大家的努力下，6#托轮轴瓦温度终于恢复了正常。此时王立军及班组成员的身上满是油污，浑身湿透，已经分不清冷水和汗水，离开了回转窑，他们在寒风中瑟瑟发抖，望着恢复正常的设备，他们心里却是暖暖的，如春风拂面。

在四个月的生产中，王立军所在的班组遭遇到了高温风机跳闸、爬斗掉道、二段爬斗液力偶合器穿、入窑斜槽堵等突发事件，在王立军的指挥下，都化险为夷，未造成减产停窑等结果，为车间的保运转、保质量、保安全做出了不可估量的贡献。

从王立军日常的点点滴滴来看,他没有说过豪言壮语,也没有世人皆知的显赫名誉,但他严谨的工作态度以及忘我的工作作风却成为了身边人一直以来学习的榜样。在2012年年末的车间评优活动不记名投票中,王立军的选票在全车间获得了第一名,被公司授予2012年度"生产标兵"的光荣称号。他用智慧和汗水书写人生,他用勤奋和努力诠释工人,他用激情扛起班组责任,他平凡而不平庸,他沉默却又热情似火。

 故事启迪

曾国藩认为:作为统兵的主帅,自身的表率作用是非常强的,只有靠自身的清廉有信,才能获得部下的拥戴。一个班组,人不多,事不少。班组长可能是所有"官"里面最小的,作为班长,哪里有问题哪里就有他的身影,哪里缺人手,他就会出现在哪里。他不是神人,但有着神一般的力量。正是这个最小的"官"让团队有了主心骨,有了团结一致、共克难关的信心。技术上有顶尖的才能,行为上率先垂范,以身作则,生活中先人后己,一个人的人格魅力总是在日常的点点滴滴中表露出来的。这样的带头人,当然会带出一支铁的队伍。"向我看齐,我就是标杆!"他可能从来没有这样大声说过,但在同事们心中,早已经认定了这是事实。

 5. 喊破嗓子,不如干出样子

1988年出生的张召方,在2013年担任中煤大屯煤电公司采煤三队

大国工人的故事：让你感动到落泪

的中班班长。官不大，在公司的影响却很大。

在中煤大屯煤电公司姚桥矿采煤三队党支部书记马红涛的心中，张召方是个能干活又能调动员工积极性的好班长，有他在，大家干活都劲头十足。不光是马红涛，其实公司里谁都知道，张召方管理班组有诀窍，每次都能圆满完成安全生产任务。担任班长两年来，班组职工连破皮伤都没有过。在工作方面，张召方时刻绷紧安全弦，每次施工前认真排查隐患，施工时叮嘱工友规范作业，深受老师傅和工友的赞赏。

张召方原本是大班维修工，对设备管理和小班的工序都很熟悉，这让他在后来的中班施工中如虎添翼。8月26日，7011C工作面是该队首次安装，张召方带领班组职工积极工作，从一个班仅能安装一台支架到后来一个班能安装4台支架，打破了区队的安装纪录。自8月24日至9月2日，张召方带领工友安全安装了87台溜子、79台支架。工作面安装完成后，一次性试载成功。

在人员管理方面，张召方注重培养青工，让青工多干多练，有效避免了技术大拿青黄不接和一线技术工人的断层问题。他安排工作到位，分工明确。班内年轻职工较多，张召方工作中多提醒，生活上多关心，让青工个个感受到来自班组的温暖。同时张召方还结合区队实际开办了机电维修培训班、师带徒活动，为青工提高综合素质提供平台，给品行兼优的青工压担子。

张召方不仅关心年轻工友，对老师傅也敬爱有加。他给老师傅分工时，把累活、险活留下，让老师傅干一些较轻的、辅助性的活，自己带领年轻骨干去干脏、累、险的工作。职工王怀燕马上就要退休，一如既往地干重活，干活时还处处照顾新职工。张召方就想方设法地减轻王怀燕的劳动强度，让他现场教授新工人技术。这让王怀燕非常感动，把自己积累了多年的采煤经验毫不保留地传授给年轻工友。有时井下干活升井晚了，张召方看到几位老师傅很辛苦，就以请教施工技术为由，主动掏腰包请大家到小饭店坐坐，大家有说有笑，在轻松的氛围中，班内工友加深了感情，交流了工作经验，也增强了班组的凝聚力。老师傅们感激张召方，张召方却说是他们的言传身教，让自己和年轻的工友们学到了不少实用技术，积累了许多经验！班组就这样在你谦我让，你教我学的和谐氛围中一天天成长。

故事启迪

　　团结才能奋进，团结才有力量，团结才能彰显大国工人顾全大局、一心为国的豪情壮志。没有团结，一个团队就是一盘散沙，没有团结，个人的力量再强也不可能创造出太多的价值。所以，一个团队的领头人除了个人能力要求外，还要会管好队伍带好人。"能吃透活，善于调动职工的积极性，大家干起活来都是劲头十足"，很显然，张召方是个成功的班长。吃透活当然就是技术能力过硬，有说话权；善于调动大家的积极性，并不在于口头上招呼谁，而在于大家服他，愿意听从他的安排；劲头十足便是他想要的结果。新时代大环境下，个人力量已经不再是权威，要想做成一番事业，小到一个班组，大到各个国家之间，都需要协作，而协作的前提便是团结，能让班组成员都携手共进，力量当然源源不断。

第九章

拼搏进取，锐意创新

创新不是科学家与发明家的专利，每一个岗位都是创新的舞台，每一个人都可以创新。那些优秀的员工，他们不是科学家，却总在为改进工作工艺而想办法；他们不是发明家，却时时都在攻克岗位技术难关。他们是最普通的一线工人，却也是最强大的创新力量。

大国工人的故事：
让你感动到落泪

 1. 匠心勇追中国梦　拓步奋进传奇路

潘从明，是金川集团铜业有限公司贵金属冶炼分厂提纯班班长，是全国"五一"劳动奖章和甘肃省"陇原工匠"获得者，他是国家级技能大师和大国工匠，更是西部地区首位即将登上国家科技进步奖领奖台的一线产业工人。曾获得中国发明之星、全国发明展览会金奖、海峡两岸职工创新成果金奖、国际发明展览会金奖、第五届全国职工技术创新奖等殊荣。

除此之外，他还是2017年中华全国总工会、中央电视台新闻联播"大国工匠"栏目重点宣传人物。

他能够从铜镍冶炼"废渣"中同时提取8种以上稀贵金属，靠着万分之一的精准度，成为仅凭溶液颜色就能准确判断99.99%产品纯度的传奇人物，中国有色行业国际领先水平的领跑者，他发明的"颜色判断法"作为铂族金属精炼师的"绝技、绝活"经中央电视台向世界同行推广，创造经济效益高达12亿余元。

工作23年来，潘从明始终扎根贵金属生产一线，先后承担国家和省（部）级重点科研项目9项，金川集团重点科研项目36项，完成各类创新项目215项，拥有受理授权国家专利56项，在核心期刊上发表科技论文18篇。攻克了"镍阳极泥中铂钯铑铱绿色高效提取技术、复杂原料中铜贵金属协同高效提炼技术、贵金属废气净化与回收"等三大世界性技术难题，彻底改变了我国贵金属冶炼长期依赖国外技术的局面，为我国贵金属冶金技术的发展做出了突出贡献。

第九章 ◆拼搏进取，锐意创新

精炼，滴水掘金

在金川提及贵金属总有一种神秘感，但对于普通人来讲，大多会想到的也许只有真金白银，还有一部分或许会想到白金，即市场价格比黄金贵上许多的铂。殊不知，贵金属可不仅仅只有金银铂，其它的贵金属价格也不低于真金白银，并且被广泛应用于工业领域。

金川集团已经是这一领域的佼佼者，是世界上唯一能够同时生产8种贵金属产品的企业。

8种贵金属，除人们熟知的金银铂外，还有钌、铑、钯、锇、铱5种铂族元素。其中，钯在地壳中含量只有一亿分之一，铑、钌、锇、铱在地壳中的含量更少，都是仅有十亿分之一，价格非常昂贵。铂族贵金属因其特有的导电、延展等性能，被称为"工业维生素"，多用于导弹、卫星等产品的核心装置上，是稀有的战略性新型材料。

我国贵金属储量仅占全球储量的0.39%，资源有限，如果没有一套世界领先的提纯技术，冶炼后的电解镍渣、阳极泥、二次含贵金属物料等，只能作为工业废料被抛弃。现在，潘从明和他的团队，就在做着这样的工作，从堆积如山的废弃矿渣中，提炼出藏身其中的铂族贵金属。

匠心，天道酬勤

潘从明当学徒时，他就将金川人艰苦的创业史了然于心。他曾经说过：如今条件比当年好了太多，更应当珍惜这么好的条件和机会，努力钻研，努力工作。

铂族金属的提炼需要精湛的技艺，而想要精进的技艺首先要过化学方程式这一关。

贵金属提炼所涉及的化学知识很多，需要五六十种化学试剂，涉及

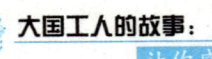

大国工人的故事：
让你感动到落泪

到的方程式有800多个，更为棘手的是，其中七成以上无法在课本中找到。

为此，潘从明只好从头学起，在从事重体力劳动的同时找遍了他能找到的所有专业书籍，这是一件需要毅力的事。那时铂族金属的生产原料加入白瓷缸后还需要人力搅拌均匀后加入漏斗摇晃，比较费事。在提纯班的角落里可能还能看到白瓷缸的身影……

即便如此，潘从明对于学习的热情丝毫不减，从不放过任何可以学习的机会。上班时，他有不明白的地方就向师傅请教，到家了，他通过自学专业书籍补习相关理论知识，光学习笔记就写了30多万字，十几年里啃下了120多本专业书籍，极为不易。企业为了提高职工素质，特地从外地请来大学老师为职工授课，潘从明从中获益颇多，他能从中获益，离不开他乐学好思的态度。一直以来，潘从明围绕着这800多个化学方程式以提高收率、降低成本、简化操作为出发点反复思索、不断推敲，模拟实践各种冶炼工艺，将其优化再优化，改进再改进，不断推出多种新工艺、新设施。

人之贵，在志与恒。就这样，潘从明一步一印，从平凡中趟出了一条工匠路。

细节，精益求精

贵金属元素就在金川镍矿中相伴而生。需要从镍矿中提取出来，铂族贵金属的生产系统，是金川集团产品种类最多、工艺最为复杂的生产系统。

贵金属提取的工序有多复杂？

每一种贵金属提取，要经过20多道工序，有200多个技术控制指标，稍有偏颇就会前功尽弃。贵金属提炼的纯度要求高达99.99%，而镍矿废渣里的铂族贵金属含量极低。提纯1克贵金属，需要用60多种化学试剂，在至少 5 吨的镍矿废渣反复萃取，直至剩余万分之一的杂质，才能生产出 99.99% 的稀贵金属产品。

正因如此，产品质量异常关键。

在操作工程中，别说一根细小的头发丝，就是一粒更小的尘埃都能影响纯度，甚至用手摸一下金属器皿，都可能让价值数千万元的产品返工。提纯分离过程中职工不能离岗，需要自己带饭。有一次，一名职工用不锈钢饭盒就餐后，就用手碰了一下烧杯，结果铑粉含铁量过高，纯度只有 99.9%，导致两公斤产品返工。

经过整整一年的跟班作业，潘从明不仅让铂钯产品质量全部合格，还总结出了"辨色"的方法，通过每过滤一次后的颜色变化，来判别还有哪些杂质。比如，溶液中带有蓝色，说明含有铜杂质；偏红色则是有铁杂质。

这个绝活颠覆了过去的提炼经验，为贵金属提纯开创了新篇章。掌握了这一辨别方法，班组交接工作时只要通过颜色，就可以判断溶液的品质。

二十三年的工作中，他不断追求精细化严把质量关，从生产组织、工艺改进和人员管理等多方面入手，将质量管理拓展到生产流程的各个环节，经他发现并完善细化的质量控制条件就达到 280 余项。组织攻关质量管理、质量控制类课题近 18 项，累计创造经济效益约 1.6 亿元。

金川贵金属产品创造了连续 32 年保持 99.99% 纯度，品级率达到 100% 的奇迹，金、铂、钯主产品被授予"甘肃省名牌产品"称号，他所带领的提纯班被评为"全国质量信得过班组"，使金川贵金属产品成为交易市场中公认的"信得过、硬品牌"！

创新，爱岗敬业

今年，潘从明有了去德国学习交流的机会。回到企业后，他向我们

大国工人的故事：
让你感动到落泪

讲述了对标德国的先进经验和自己的体会，我还记得当时他用来形容德国产业工人的两个极具代表性的词语：敬业和干净。敬业意味着工人在每一道流程中一丝不苟，是爱岗的体现；干净意味着先进机器将人从繁重体力劳动中解放出来，是创新的成果。

事实上，细数潘从明多年以来所做的工作，无论是对工艺改进的相关探索，还是对设备优化的相关革新，无不是在创新之路上摸爬滚打着。

"银阳极泥中金铂钯高效提取技术"成功研发，对贵金属工业生产带来的改变是巨大的。其彻底解决了已沿用38年的传统处理工艺对复杂贵金属原料适应性差等一系列难题，在企业进行推广后，生产运行平稳、技术指标提升至10倍以上，不仅缩短了处理工艺，而且提升了产品的品质，填补了多项国内外空白。

2015年，经中国有色金属工业协会组织专家鉴定，一直评定该技术达到国际领先水平、国内顶尖水平，全面投放市场后，预计每年可以直接为全国带来120亿元的经济效益。

此后，潘从明相继攻克了"镍阳极泥中铂钯铑铱绿色高效提取技术、复杂原料中铜贵金属协同高效提炼技术、贵金属废气净化与回收"等三大世界性技术难题，彻底改变了我国贵金属冶炼长期依赖国外技术的局面，为我国贵金属冶金技术的发展做出了突出贡献。

传承，薪火不息

对于潘从明的徒弟们来说，每半个月一次的"作业"是必须要完成的。他们要写出自己的工作体会，总结学到了什么，下一步要做什么。这是一项艰巨的任务，但潘从明一直在要求大家进行着。对于今年刚离开校门进入提纯班的69个孩子，潘从明更是亲力亲为，督促他们制定职业规划、学习岗位知识……

在大家眼中潘从明是严厉负责的师傅,同时也是一位含金量很高的师傅,作为贵金属分厂提纯班的班长,潘从明希望自己的徒弟,从自己身上学会的不仅仅只是技能,还包括如何做人做事。

近年来,潘从明利用业余时间自己编写教材,积极主动承担了技艺传承工作,充分发挥国家级技能大师工作室的平台优势,将自己"绝技、绝活"的精髓毫无保留地向岗位员工和徒弟们传授,并结合自己实际操作积累的经验编纂成30余万字的资料,作为贵金属精炼工培训教材广为流传,为公司贵金属产业的发展储备了大量人才。

作为国家级技能大师工作室的领衔人,他先后为企业和国家培养了165名贵金属冶炼高级人才,指导博士4人,硕士16人。

 故事启迪

在很长的一段时间,农家子弟念职业学校,毕业后不愿意进厂当工人,但他怀揣着初心与梦想,用毅力和汗水改写着自己的人生轨迹。岁月不息,潘从明以严谨、细致、专注、负责的工作态度,在平凡岗位上取得了不平凡的业绩,走出了自己的创新路,也必将激励着一代又一代的金川人务实奋进。

 2. 敢在刀尖上跳舞

在刀尖上跳舞是种什么感受?舞者翩翩从容,看的人如履薄冰!舞者从容是因为心中有底,知道自己的功夫在哪个层次上,不会让自己受伤,而看的人却只看到舞者每个动作的危险之处,所以始终捏着一把

大国工人的故事：
让你感动到落泪

汗。无论是看客还是表演者，大家心里都知道，在刀尖上舞蹈，会有致命的凶险。电力系统中的继电回路工作者，就如在刀尖上的舞者，稍有疏忽就会造成难以想象的后果。但继电保护回路工作又像是一个人的中枢神经，一旦损坏，便废了。

蒙东能源通辽发电总厂电气分场继电班班长王俊红，她凭借着自己的自信与执着，在继电保护这个刀尖上舞出了精彩，舞动着绚丽人生。

王俊红所在的继电班承担着全厂1400兆瓦，共5台发电机组、6条线路、5条母线的所有继电保护及自动装置、远动设备的检修与维护。王俊红是个美女——身高一米六左右，体重不超过一百斤，外表安静腼腆，给人一种柔弱的静态美。可是外表与她性格完全不相符。一旦进入工作，她便成了风风火火的女汉子。

网控的Ⅰ、Ⅱ组母差、失灵保护改造，是一项集急、难、险、重，于一体的大型改造项目，涉及到全厂的每一条母线、线路，每一台机组、开关，稍有不慎，就会造成跳机、跳线事故的发生，影响用户供电。更让大家捏把汗的是，每一条母线的电压量都要带电接引，一旦失误，就会引起电流互感器开路、电压互感器短路，轻者重大设备损坏，重者人身伤亡。每次操作的过程中，她都会带领大家经过前期精心的准备，一遍一遍地演练改造方案，确保万无一失。接引过程中更是亲自操刀上阵，取得了保护改造的圆满成功，填补了通辽发电总厂母差、失灵保护改造的空白。多年来，她主持的大型保护改造数不胜数，都是一次启动成功，留下了一个个精彩的故事。

5号机组大修中，标项和录波改造工程在60天内完成已经工期很紧了，可又临时增加了电缆维修工作，原本可控的工作量一下子变成了"无底洞"。人员少，任务重，怎么办？言传不如身教，作为班长，她率先垂范，走在工作的最前面。虽然她什么也没说，但班组成员都以她为榜样，向她看齐，在她的带领下，没有一个人有怨言，没有一个人因为工作量大而泄气。

无论是发变组、励磁、厂用电系统继电设备检修，还是电缆敷设、保护校验，她都身先士卒，事事抢在前、干在前，监督指导在前，带领继电班全体职工全力以赴，连续两个月不间断地每天加班至晚上十一、二点。5号机保护装置是进口设备，全英文菜单，为了不影响进度，晚上回家后，她还要一个单词、一个单词地把所有操作步骤、定值单都翻译出来，第二天到作业现场给大家讲解。整个大修期间，没有人喊苦喊累，因为大家知道，她付出的更多。

一直以来，家人的理解和包容是她走下去的强大动力。担任继电班班长以来，她就很少有节假日了，因为工作关系，她不得不把这些日子都拿来加班。在女儿眼中，她是"机器人"，是"怪人"。机器人开关在手机上。不管什么时候，只要电话一响，她的工作就开始了；而怪人是天气不好，尤其是刮风下雨打雷的时候，别人都避之不及，她却一个劲儿的往外冲。对于女儿，她心中有说不完的内疚，但是她知道，女儿是懂事的，总有一天，她会明白妈妈的选择。

2013年机组大修期间，她的父亲病危住院，老人怕耽误她工作，一再让家人隐瞒病情，直到最后时刻，她才赶到老人身边。料理完后事的第三天，她就忍着悲痛离开了孤寂伤心的母亲，回到了大修现场。一心难挂两头，为了肩上那份沉甸甸的责任，她将对家人的亏欠，深深地埋在心里，将这些深情化为力量，在工作中越发努力。

王俊红原本不是继电保护专业岗位上的。参加工作几年后领导看出她是个好苗子，才调整到了继电班。岗位一变，一切都归零。她只得从头学起。一年后就当上了组长，第二年任班组技术员，第三年任班长，2013年被蒙东能源聘为电气检修专家，2014年又被评为蒙东能源唯一的一名高级技能师。你不用怀疑她用了什么手段才会进步得这么快，你也不用想象她是遇到了贵人才被提拔。走进她的办公室，拉开抽屉，放满了图纸和笔记本，每张图纸的间隙、每个笔记本都记得满满当当。那字里行间，不仅记录着每一个继电设备的安装、运行、维护、异常、事

大国工人的故事：
让你感动到落泪

故处理，更记录着她成长道路上留下的每一个足迹，这便是她快速进步成长的法宝。

凭借执着和勤奋，她积累了大量业务资料，并且毫无保留地拿出来和大家分享，共同进步。在她的带领下，继电班获得了"全国五一巾帼标兵岗"、蒙东能源"巾帼建功标兵岗"、通辽发电总厂"模范班组""标杆班组"等荣誉称号。她本人也被评为通辽市"金牌工人"，蒙东能源"优秀班组长"、蒙东能源"巾帼建功标兵"，通辽发电总厂"劳动模范""专业技术能手""先进生产工作者""模范班长""感动通电十大新闻人物"。

在刻苦前行的路上，王俊红的成长离不开企业的一路呵护。通辽发电总厂多项劳动竞赛的开展，激发了广大职工比学赶超、创新创效的热情，培养了一批爱钻研、懂技术、能创新的技术骨干。2014年，为了充分发挥王俊红这样的高技能人才的引领作用，通辽发电总厂构建起了以职工创新工作室为龙头的职工劳动竞赛运行体系，在工作室启动仪式上，王俊红作为工作室负责人代表作了表态发言。她在发言中这样说道："心有多高，舞台就有多大。企业为我们搭建了成长成才的广阔平台，我们就要舞出别样的精彩"！铿锵有力的语言，让人看到的是一个用汗水和智慧拼搏在一线的最有力量的工人，而她又是最美的舞者，将最美好的一面留给了千家万户。

故事启迪

通往荣誉殿堂的路往往是困难重重的，没有拼搏进取的精神，没有顽强刻苦的意志，是进入不到荣誉殿堂的。无数的光荣称号后面是汗水与辛酸、是付出与拼搏。舞动人生靠的是信心、执着与高强度的工作。所谓高人的肩膀，就是那些写不完的数据，看不完的图纸，做不完的事情。"电老虎"从来不会因为你是熟手、你是专家而留半点情面，事故也从来不会在来的路上向你打声招呼，每次完成任务都像是在"刀尖上跳舞"，他们却安全、快速、完美，这就是日常练就的本领，这就是为什么会有一大堆荣誉的原因。一个最一线的电力工人或许一生要在风吹日晒中度过，也可能一生都与"高官厚禄"无缘。但是他们不仅没有怨言，还将工作做到完美。是什么原因让他们如此执着？只因为他们背负着沉甸甸的两个字——工人！

3. "拆"出来的"工人院士"

张晨光是山西晋城煤业集团成庄矿的煤炭工人，凭着对机器的痴迷和敬业精神，不仅成为2016年"中华技能大赛"煤炭行业唯一获奖者，还走进中南海，成为接受时任国务院副总理马凯亲切接见的"工人院士"。

"别人买东西是用，我买东西是拆。"张晨光喜欢拆东西，拆老式的带摆闹钟，拆九十年代昂贵的随身听。小时候拆东西，用牙齿咬，还把弹簧蹦到过肚子里。

从拆机器到会还原机器，到最后研发机器，这位山西晋城煤业集团成庄矿的煤炭工人，凭着对机器的痴迷，不仅成为2016年"中华技能大赛"煤炭行业唯一的获奖者，还走进中南海，成为接受时任国务院副总理马凯接见的"工人院士"。

1994年，毕业不久的张晨光来到成庄矿，当时这里远没有如今的繁华，几乎都是小平房。那时，他刚赶上成庄矿从国外引进2750米长、投影全长6000米的主提升皮带运输系统，张晨光非常震撼。有20多个外国专家在煤矿负责安装，他们使用在国内还很稀罕的笔记本电脑，张

大国工人的故事：
让你感动到落泪

晨光来了兴致。"我也不知道有种什么样的魔力，反正我特别喜欢这个东西"。没有接触过这些新设备的张晨光每天跟着外国人学，外国专家待了3个月，他学了3个月。图纸的说明书上都是英文，他"瞎眼了"。没有手机，只能自己查字典，最后说明书学完了，他的单词加注释就写了好几本。

上世纪九十年代，一个月大约300元的工资，他拿来买随身听，还是拆，不管进口的还是国产的，买多少拆多少，"就是想看一下每一个之间有什么区别"。刚开始组装不起来。一片片的拆下来，没有电脑，没有视频，只能用脑子记，零件一多就会分不清楚。但他不泄气，记不清楚就多买回来几个，多拆几次就记清楚了。

直到修好家里的电视机，张晨光这个父母眼中的"熊孩子"，才开始让家里人刮目相看。有一年，一家人守在电视机前等着看春节联欢晚会时，电视机突然坏了。父亲急坏了，想起儿子平时看书、对那些电器的捣弄，让他试一试。张晨光不慌不忙，只捣鼓了几下，画面又重新出现了，恰好赶上看春晚。没想到看书还能看出个名堂，从此，父亲开始支持张晨光，还主动给他订阅杂志。东西拆多了，他逐渐学会了组装和维修。

公司那台在1994年由外国专家安装的机器，三年后出现了故障。换一块电板2000美元，因为还在保质期内，如果自己修坏了，不能保修。领导权衡之下，准备联系外国公司。这意味着，等待的一周时间里，整个矿井都要停产。以每天2万吨产量计算，一天就损失上千万元。

张晨光看在眼里，急在心里，向领导请示，想自己动手修。领导心里也清楚，按每天这样的损耗算，停着实在是不划算，经过再三考虑，领导还是决定把这个任务交给张晨光试一把。张晨光也铁了心，不就是两千美元吗，修坏了大不了我赔就是。在他心里，他有百分之九十九的把握能修好这台机器。然而事情并没有他想的那么简单，机器一打开，张晨光傻眼了，国内同样功率的电板，个头是国外的3倍。国产的管子比较粗，放不进去，他自己上手加工配件。

一个星期后，外国专家来到成庄矿，看着修好的机器问张晨光，"你是从哪个公司跳槽过来的"。当得知张晨光就是矿上的工人时，外国专家对这个煤矿工人竖起了大拇指，连说"perfect"。

渐渐的，张晨光意识到不能再单打独斗。2009年，他在一个十几平方米车间办起培训课堂。到2012年，车间扩大到800平方米。"皮带远程监控系统"就诞生在"晨光"工作室里。这个耗时两年半才完成的系统实现了井下皮带的地面远程控制，减少了井下控制17部皮带所需要的85个岗位（约138名岗位工人），仅人工成本每年节约1380万元。在全集团推广，每年节约人工成本上亿元，为进入煤炭寒冬，急需减人提效、降本增效的晋城煤业集团破难前行闯出了一条路。

因为创新突出，张晨光时常获得矿上的奖励。有次单位奖励给他五万块钱，他全部分给了同事，每人领两三百元。他希望以此鼓励年轻人追求梦想，让他们明白"只要你努力就会有回报"。

现在的张晨光依然喜欢拆东西，手机坏了，倒腾几下就能修好。他还拆过苹果手机，张晨光发现上面有一些肉眼很难看到的零部件，感叹科技发展的速度太快。他每天回家只看新闻频道和科教频道，他知道自己离那些真正的专家还差很远，还得不断学习。

故事启迪

纵观历史其实不难发现，每一次社会发生重大变革促使人类进步的过程中，创新都是推动这一进步的核心力量。无论是一次次工业革命，还是社会意识形态的进步，都离不开创新。总是遵循着同样的模式去工作，让一个人的工作能力到达一个高度后再也无法提升，在基础差、条件差的情况下，最好的办法就是"搞破坏"，把那些搞不懂又想搞懂的物

件拆了再装,"次数多了就长了记性"。拆家里的电器、自己掏腰包买物件拆,到最后"胆子大到拆厂里的机器",他就这样拆成了"工人院士"。

一个不懂得创新不愿意创新的工人,严格的说并不是一个合格的工人,最多也只能算是个机器助手——与机器一样机械地工作。思考、尝试、改革,创新,这才是时代工人应该做到的,这才是把中国制造业推向世界的最好办法。面对世界的飞速发展,创新已是我们义不容辞的责任。

4. 大胆创新的"草根发明家"

杨林是郑州机务段电力机车钳工。工作28年,先后创造了23项发明,为段里节约成本近百万元。被工友们称为"草根发明家"。

一个人的爱好与兴趣可能是与生俱来的。杨林从小就爱鼓捣些小玩意儿、小发明。孩童时身边的小伙伴在忙趁东风放纸鸢时,他却两耳不闻窗外事,动手制作起了"小马达",省下零花钱购买科普书。到杨林上班那年,他手头有关电子电器方面的书籍已有100多本。上班以前他就发明过一个示波器,按市值价计算,起码也得好几千块。

1987年,13岁的杨林从技校毕业分配到郑州机务段北检修车间,成为一名专门检修火车头的工人。登上机车,本以为自己是"高起点"的杨林看到一个个大大小小的电子元器件,眼花缭乱,不知所措。但是他很快冷静下来,心中暗自高兴,因为终于接触到了一个自己喜欢的行业。杨林的师傅是个老员工,能熟练地默画机车电线路控制图,这让杨林大开眼界,他下定决心,一定也要像师傅一样闭着眼都能画。他从熟悉每一条电线路学起,眼睛看不到的,就用手摸。

学习是个艰苦的过程。在杨林的手套磨破了二十几双后,终于慢慢

第九章 ◆ 拼搏进取，锐意创新

熟悉了机车构造，后来成了班组里小有名气的"机车通"。但在这段时间里，杨林觉得有很多技术难题单凭现在的工装设备很难攻克。求助厂家，厂家爱搭不理或要求返厂检修，浪费时间，吃尽"哑巴亏"。求人不如求己，一个"发明梦"悄然在杨林的心中萌芽。

但日复一日辛苦的机车检修，杨林几乎忘了自己的"发明梦"。探身、半蹲、勾头，这是检修时常做的一个动作，一次要保持2至5分钟，一天要重复几十次甚至上百次。一天工作下来，疲惫得什么都不想做，就想倒头大睡，根本没心思搞发明。车间领导得知杨林的想法后，想支持杨林把"发明梦"变成现实。2004年，郑州机务段作为路局电力机车检修基地，需要对硬件设备设施进行升级改造，把现有的工装设备嵌入标准化作业平台。此时，车间领导想到了爱"捣鼓"的杨林。杨林花了三天三夜时间，和工友们拿出了一套最佳改造方案，"发明梦"就此重燃。同年，SS4型电力机车大量投入使用，但是3个月就发生了5起劈相机起动装置不良造成的劈相机烧损，直接经济损失30万元。

杨林临危受命，他一步步弄清劈相机启动原理，对常见故障进行梳理分析，并设计制作了劈相机启动继电器测试仪。经过不断地试验、改进、校验，杨林研发的劈相机启动继电器测试仪最终投入到使用中，实现了对故障的超前控制，间接节约劈相机烧损维修资金近十万元。大家都说有梦想就了不起，但在杨林心里，有梦想算不上什么，能够实现梦想，才是真正的了不起。发明初见成效，杨林更加有信心了。

2010年，和谐型电力机车大量投入使用。因为该型机车的N99真空主断路器裸露在机车顶部，北方的雾霾天气经常引发主断路器方面的故障。车内空间狭小，却需要2到3人的配合才能将主断路器拆下，再进行模拟检测。但检测的数值容易出现偏差，一次检修成功率较低，影响检修质量和进度。

面对这种情况，杨林冥思苦想，能不能研发一个东西，实现对N99

真空主断路器在机车上的检测？有了想法就要付诸行动。他白天利用工作间隙，登上机车摸清内部电路和各部件之间的尺寸距离，晚上回家上网翻书查资料，反复画图设计。经过两个多月的研究，杨林终于研制出了N99真空主断路器主断连锁检测仪，将原来三人一小时才能完成的工作压缩为一人二十分钟，填补了和谐机车工装设备检测仪器的一项空白。

N99真空主断路器主断连锁检测仪只是杨林众多发明中的一项。他还发明了辅机保护板测试仪、机车显示屏检修测试仪、速度传感器测试仪等20多项。这些测试仪器不仅提高了检修质量和检修效率，还节约成本近百万元。

虽然只是一名普通的电力机车钳工，但杨林的"发明"在业内已不容小觑，一些厂家多次想将杨林"挖走"，却都被他婉言谢绝。他很明确地告诉对方，自己搞发明并不是为了自己的利益，而是为了集体，这是他的责任与使命。

故事启迪

很多人认为，工人是机械重复的工作者，但真正沉下心专注于工作中的工人，却绝不是只会不断重复的人，而是会在一次又一次重复的工作中发掘新的改进点，一点一点改进自己的工艺，最终使自己的工作和产品更加接近于完美。有数据统计，在所有发明创新中，至少有三成来自于最一线的工人。当一个工人把研发当成一种责任，一种使命的时候，他就有了"发明梦"，他会为了这个梦想而想尽办法，不断摸索，改进和创新现有的工艺。杨林就是这样一个人。遇到难题时他的第一反应是能不能发明一种东西，将这种缺陷克服？有思想就有行动，一个钳工，用28年时间，先后创造23项发明，为企业节约成本近百万！这就是创新的力量。

第九章 ◆ 拼搏进取，锐意创新

5. "野心"成就的"大师"

1989 年，从哈尔滨汽轮机技校毕业的董礼涛成为一名铣工学徒。他每天干的，就是用铣刀对各种零部件进行平面、沟槽、孔洞的加工。当时加工要求是将孔洞形位误差控制在 0.2 毫米范围内，董礼涛却想，能不能将它控制在 0.02 毫米？为了实现这个在别人看来是"野心"的"小目标"，他利用休息时间，捧着书本仔细钻研，趴在铣床上反复琢磨。他提出一些大胆的、非常规的加工方法，提高了工作效率和产品质量。

工作仅 3 年，董礼涛就在公司举办的各类职工技术比武活动中，连续占据冠军"宝座"，先后获得"铣工状元""技术大王"等荣誉称号。为此，公司曾一度改变比武规则，让他做技术指导，为的是把机会留给其他参赛职工。面对一些工友甚至前辈"光会比武，干活儿行不行"的质疑，董礼涛用一次次攻克别人无法攻克的难关证明了自己。后来，以他个人名字命名的工作法在全公司推广，"董师傅"成了所有人对他的称呼。

2008 年，为适应更高效高质的生产形势，公司设备开始升级改造。在短短一个月时间里，董礼涛就熟练掌握了数控机床加工操作要领。但在一台进口设备中，一些装配件是公司无法自主生产的。没有成熟工艺和成功经验，只能依赖外协加工，需要支付巨额费用，这成了公司在新项目生产上难以逾越的难关。

"要靠我们自己的'中国芯'，挺起中国装备制造业的脊梁。"董礼涛在心中默默为自己定下目标。他潜心研究，掌握新设备特点，自行设

大国工人的故事：让你感动到落泪

计成套工具，创造性地制订独特加工方案，不但提升了效率、节约了成本，更扭转了以往依赖外购或外协加工的被动局面。他对加工的产品有一个标准，那就是"要像工艺品一样，精致完美"！他这种对工作严谨认真，对产品精益求精的态度渐渐影响了身边的人，尤其是一些年轻人，看到"董师傅"如此用心，就自觉地学习，形成了团队中人人争先进的好氛围。见于这种情况，董礼涛便将自己多年用心积累的铣床加工技法汇编成册，成为最实用的加工指导书分发给大家。如今，他带的不少徒弟在各类技术比武大赛中脱颖而出，成为生产中的骨干力量。董礼涛组建了工作小组，每天在微信群分享实操案例和注意事项，吸引了40多名铣工一同研讨业务。"董礼涛国家级技能大师"工作室成立3年来，承担了大量常规火电、核电产品、燃压机组和重点工程产品的中小部件制造攻关任务，取得了10项国家专利。

"黑龙江省劳动模范""全国机械冶金行业技术能手""中华技能大奖"……荣誉接踵而来，但董礼涛坚守自己那颗平常心。他说同样是做一件产品，花费的时间与精力相同，那我为什么不能做得更好些？精品在他嘴里是如此简单！然而谁知道，打造一件精品并不简单，更何况是每一件产品都是精品？如今，国产首台65万千瓦核电汽轮机、国产首台100万千瓦超临界汽轮机、国产首台30MW燃压机组以及一系列国家重点工程项目中，都凝结着他的智慧和汗水。

他27岁成为高级技师，创下了当时公司年龄最小高级技师的纪录；参与加工制造国产首台30MW燃气增压机组，摘取装备制造业"皇冠上的明珠"；先后有120余项技术攻关应用到生产实践中，创造了数以千万计的经济效益……他的成绩数不胜数。从普通一线工人到知名技能专家，从攻克技术瓶颈到步入行业领先水平，从担当企业责任到肩负国家使命，董礼涛走过了近30年路程。在他看来，从制造大国转向制造强国，是我国产业工人共同的梦想。他要将铣削加工作为自己不懈奋斗的出发点，在助推我国制造业高质量发展的征程上稳步前行。

故事启迪

铣工是一个普通的职业。"加工出来的产品要像工艺品一样,精致完美"这个"野心"却不是每个普通铣工能有的。除了在理论上下功夫,还要趴在铣床上反复琢磨,经过千百次尝试才能成功。一遍又一遍地重复,反反复复地练习,简单的事情重复做,在枯燥中找快乐,在重复中找差距,在精进中不断创新,这是对工作的执着,对自己苛刻,也是对责任的坚守,对创新的渴求。

6. 爱搞发明的土专家

享受国务院政府特殊津贴、全国技术能手、中国机械工业劳动模范、江苏省有突出贡献中青年专家、江苏省333高层次人才培养工程培养对象……承载这一系列荣誉的,是一个年仅35岁的"大国工匠"——徐工集团徐州重型机械有限公司高级技师孟维。

参加工作十五年来,孟维凭借高度的敬业精神和精湛的技能水平,破解了高强钢加工工艺、起重机核心零部件加工等诸多难题,总结发明了140项先进的数控加工方法,并8次摘得全国QC项目成果一等奖,从一名普通的技术工人成长为专业技能大师。而这140多项成果的诞生,是付出比别人多得多的汗水和心血换来的。

2002年,孟维以优异的成绩从徐工技校毕业,来到徐工重型,成为厂里首批数控车工。从未接触过数控知识的他凭着一股韧劲,从最基本的《数控编程与加工》学起,几年下来竟成了数控车床加工和维修

大国工人的故事：让你感动到落泪

的"土专家""创新达人"。

徐工进军大吨位起重机领域，关键部件使用的都是进口高强钢板材，其硬度达 H3430，传统的方法难以加工，国内也无任何经验可参考。为了攻克高强钢的加工技术壁垒，孟维先后对刀具型号、耐用度、加工数量等进行分析比对，并组建高强钢材料切削参数数据库，总结出"材料硬度——加工方法"曲线图，直观描绘出高强钢各加工工序适用的合理切削参数，一举填补了国内高强钢材料成套机械加工的技术空白，并在国内制造业中得到广泛推广应用。

在非标刀具自制上，孟维凭着一股钻劲打破了国外垄断。自制非标减振镗杆等 7 种专用刀具已成功应用到 14 台专用机床。开发刀具二次、三次使用，刀具使用率 100%。此外，发明外转内冷式刚性刀座，实现国产机床内冷加工，累计实现刀具降本约 343.7 万元。

随着企业的不断发展，一些核心零部件似乎难以走出被进口件限制的"魔咒"。孟维带领他的团队先后攻克了单缸插销缸头、中心回转体、测长电缆卷筒等 6 种核心零部件难关，完成 XCT55II、XCA60E 等产品 7 种缸头加工试制——装配——试验。经过 50 万次磨损及加载试验，试验性能符合设计要求，伸缩机构运行顺畅，已应用到公司 G1 代起重机上，仅 2016 年就为公司创造经济效益 1100 万元。

随着自身技能的不断提升，孟维主动承担起了人才梯队建设的工作，组建"孟维工作室"。指导徐工集团的张琨、张言乐等 6 人多次在国家、省、市比赛取得前 5 名的成绩，帮带 9 人晋升为高级技师，25 人晋升为技师。他先后被徐州技师学院、徐州机电技师学院等 5 所院校聘为高级指导教师，编写培训课件 26 余次。现在，"孟维工作室"被评为国家级技能大师工作室，成了名副其实的"金牌团队"。

 故事启迪

创新是人类进步的源泉，创新创造未来，创新改变世界，创新更改变自己。敢于创新，大胆开拓，在自己的岗位上努力奋进，"技术小白"也可以成为"创新达人"。当今世界局势日新月异，竞争日益激烈，唯有创新可以胜出。所以作为新时代的员工，我们应该大力培养自己的创新意识，用创新来实现自己的梦想、用创新来创造属于我们的未来。

创新并不只是那些所谓的天才们才能做的事情，创新是属于每一个人的。每个人都可以创新，只要愿意创新，只要努力去提升自己的创新能力。即使暂时比不上别人，也没关系，只要肯努力，创新是不会放弃每一个有决心有毅力的求助者的。只要去努力，就一定会有成绩。

第十章
直面挫折，不怕困难

当认定某个岗位值得自己用一生去付出的时候，再大的困难都只是生命中的小插曲，再大的挫折也不过是花开季节里短暂的阴雨。理论知识不够可以学，技术不足可以练，就算是要付出生命也在所不惜！这是很多基层工人的信心与决心，也是他们对工作的态度！工人的伟大并不在于他们喊出了多少惊人的口号，而在于他们坚定的信念和从不吝惜的付出。

大国工人的故事：

让你感动到落泪

1. 昆仑山上的"寻宝人"

在许将的书桌上摆着一块并不太起眼的石头，它来自 5000 公里以外海拔 5200 米的昆仑山，是一块很特别的铁矿石，为了得到它，许将差点付出生命的代价。

寻找矿产资源和新能源是"中国地质人"的崇高使命。为了寻找到宝藏，他们翻山越岭、他们不畏寒暑，他们执着而坚定。许将就是他们中的一员。2015 年 7 月，许将所在的中国煤炭地质总局航测遥感局的同事们一起向着距离公司 5000 多公里、海拔 5200 米的昆仑山进发，寻找他们心中的"宝藏"，那是一种铁矿石，是他们心中的"梦想"石。但就为了寻找这个"宝藏"，几次与死神擦肩而过……

第一次爬昆仑山，剧烈的高原反应差一点就要了命。爬上海拔 5200 米的高山，强烈的高原反应让人呼吸异常困难，头痛欲裂，心跳加快，许将一开始还强撑着，但走了没几步，他觉得心脏快要跳出胸腔了，整个世界好像都在剧烈摇晃，然后两眼一黑，倒了下去……还好，队友们迅速把他送进了营地进行抢救，他醒了过来，幸运地与死神擦肩而过。

许将没有因此退缩，而是继续出发。经过三天的休息和调整，他和队友们继续前行。因为有了前几天的经验，他们特别小心，终于很顺利地来到了高达 5200 米的矿化带。当他们用铁锤敲下这块铁矿石时，激动的泪水喷涌而出，他们将在这里驻扎，他们将采下梦想中的矿石！

然而在广袤苍茫的昆仑山上，在一望无际的无人区，坚守驻扎谈何容易，不久，死神就再一次降临。

那天许将和往常一样开始整理白天的工作成果。突然间发现地质本不见了，这可是他们最重要的资料记录啊，要是丢了前面的工作等于白干了，损失太大了。于是在队长亲自带领下他们去寻找丢失的笔记本。在海拔5000多米、积雪深厚、坡陡沟深的西大沟，许将一脚踩空，从山坡上滚了下来，整个身体像散了架一样不受自己支配，脸上、手上全是血，此刻许将才感到恐惧，大声呼喊队长，还好经验丰富的队长及时找到了他，让他再次与死神擦肩而过。最终吃尽苦头找到了那个至关重要、记载着重点要点的本子。

就这样，许将和队友们克服了重重困难，越过死神制造的障碍，终于采集到了宝藏一般的矿石。现在许将的办公桌上还摆放着一块他从昆仑山上采集下来石头标本，它经过亿万年地质作用的沧桑和洗礼方成为眼前的模样，这也让许将对自己的工作有了更多的感悟——任何成绩取得，都需要不断克服困难。

故事启迪

海拔5200米的昆仑山无人区，是让人望而生畏的高寒地带，是让人有可能因为高原反应而再也回不来的生死之地，但是为了那块矿石，他们毅然出发，坚守着，奋战着……"撸起袖子战昆仑"不是口号，而是心声，是他们在恶劣环境下对死神的宣战，是他们对中国地质事业最庄严的承诺！挫折与困难只不过是他们前行中的伴奏曲，他们将迎着朝阳，在风雪中高举旗帜，高歌前进。

大国工人的故事：
让你感动到落泪

2. 战火中惊心动魄的 28 天

2006 年 8 月，盛建慧被中国铁建派往战火中的阿富汗，任麦当莎—巴米扬公路项目（意大利援助阿富汗的一条既有线路改造工程）的联络员。项目驻地位于塔利班据点附近。美军和塔利班经常交火，"哒哒"的枪声不断，"隆隆"的爆炸声也很寻常。美国的装甲弹一下子洞穿了驻地厨房的蒸饭车，成为"误伤"中国财产又一例证。这里的生活无疑是危险而艰苦的。吃的只有土豆、洋葱和西红柿；完全没有看书以外的任何娱乐，而从国内带过来的书，他们已经翻看了无数遍。热的时候没有降温的设备，干等着哪时候能突然吹来一股风，冷的时候用一根燃烧的木头取暖……这种工作环境是国内从来没有过的，盛建慧却渐渐习惯了。他早已没有了刚到喀布尔机场时的紧张——在国内从来没有见过大街上摆满了战斗机，装甲车，还有荷枪实弹的士兵。他甚至可以在枪炮声中呼呼大睡了，一天下来，他实在是太累了。而且他每天往返于驻地和喀布尔之间，向业主反映施工进度、沟通情况，经常遇到塔利班武装，也不觉得有多害怕。

但是令他没想到的是，在那个毫无征兆的下午，危险冲他而来。

2008 年 6 月 29 日，盛建慧去喀布尔向业主报告摊铺机被火箭弹炸伤，直至下午 4 点才启程返回驻地。5 点 40 分，他记得很清楚，在距离驻地不到 3 公里的地方，已经能看见驻地的塔楼，突然两个塔利班武装分子冲了过来。他们浑身裹得严严的，只露着两只眼睛。两支黑洞洞的枪口，对准了盛建慧。

因为每天都能遇到那些士兵，一开始盛建慧倒也没那么害怕，以为他们是要搭便车，正打算捎他们的时候，他们却威胁他下车，往对面的山坡上走。盛建慧这才意识到，不好，出事了！自己被劫持了！他想通过抗议来获救，对方却用拳打脚踢来回应他。就这样，他彻底成了人质。

他先被藏在山后面，夜色降临后，又被戴上眼罩转移了。他们在一个果园里的土房子前停了下来。两个塔利班给盛建慧摘下眼罩，用铁链将他锁起来。盛建慧看了那把锁，上面写着"中国制造"。土房子只有四五平方米，空无一物。当时他并不知道，这是未来28天里他待过的最好的牢房。

一开始发现自己成了人质时，盛建慧并不是很害怕，因为他知道自己是中国人，是来支援他们国家，给他们国家修路的，他们应该不会拿自己怎样。然而，几天过去了，毫无动静，又过了几天，还是没有动静，盛建慧开始害怕，开始想象各种原因：难道单位不知道自己的去向？难道绑匪没有通知单位？大使馆没有和绑匪接到头吗？一切都是未知。他始终没有被释放，只有不断地被转移。他的信心一点点消失，恐惧在一点点滋长。每一次转移他都一身冷汗：难道要被他们枪毙了吗？

他的身体状况越来越差。每天最多能得到一小杯水、一小片馕。有时候看守被美军打死了，就什么也吃喝不上了。后来，他被埋在一个羊圈下面的地牢里，只有一个管子通向地面，以免被闷死。在这个黑暗狭窄静寂的空间里，他甚至能听到湿气渐渐进入身体的声音。分不清白天黑夜，他的意识日渐模糊。

明明是来支援的，却给坏人当了人质，在盛建慧看来，这个国家的人也太不懂理，太不厚道，何况自己才25岁，正是青春大好年华，就这样死在他乡，实在是冤枉极了。然而无论怎样的恐惧，怎样的委屈，怎样的饥渴，现实就在眼前，他唯一能做的就是保全自己，等待救援。盛建慧从来没有放弃过活的希望。他心中始终有一个信念在支持着他：即使为了爹娘，也要尽力活下去！盛建慧的家在山东平度。父母都是老

大国工人的故事：
让你感动到落泪

实肯干的农民。他是独子。从小盛建慧就帮着父亲干活，深知父母的辛苦。他早就发誓，要用自己的双手让父母过上好日子。所以无论多么艰难，他一定要让自己活下去。

与此同时，中国铁建、中国驻阿富汗大使馆、甚至在当地的中国企业都加入了拯救人质的队伍。时任中央外事工作领导小组办公室主任戴秉国指示，要全力确保盛建慧的人身安全。中国驻阿富汗大使馆杨厚兰大使带头多方奔走。中国铁建领导指导协调救援工作。在阿富汗的其他中国企业，也帮忙出谋划策。

盛建慧清楚地记得，被劫持期间，他曾接到中国驻阿富汗大使杨厚兰以及单位领导的两次电话。这给了他莫大的勇气和希望。当时，他被铁丝捆得紧紧的，刀架在脖子上，只听到话筒那边传来的声音："小盛，坚持住，我们在动用全部的力量和关系全力营救，一定会把你救出来的。你该吃吃、该喝喝，要挺住！"

在中国驻阿富汗大使馆，杨厚兰大使多方奔走，利用自己的私人关系打听线索。营救期间，有一次大使的车子从使馆驶出，刚刚驶过挨着的印度大使馆，只听身后一声巨响，使馆门前的印度武官被炸飞，尸体倒挂在树上。

参与营救的年轻女翻译李思宁一提起那段经历，忍不住和同在使馆工作的爱人抱头痛哭，每次和塔利班分子通话都让她期待而恐惧，期待的是至少可以确认自己的同胞还活着，恐惧的是通话中不仅受到塔利班的威胁和恐吓，还要忍受他们下流的调戏和侮辱。

7月27日，塔利班武装分子给盛建慧换了一套当地的服装。盛建慧的心又是一阵阵收缩，以为又是要把他转移到另外的地方去，或者是要枪毙他了？直到被送到了当地长老家，长老给了他一张名片，一张中国铁建阿富汗区域负责人的名片。盛建慧才一下子明白过来——他得救了！他瞄了一眼旁边一个人的手表：7月27日。此时，他已经被劫持了整整28天！

回忆起当年在阿富汗被绑架的经历，盛建慧很平静，他说在那28天里，他想得最多的是怎么死。然而在场的人却无一不眼含热泪。25岁的年纪，怎么能够死在他乡，死在土匪手中！对盛建慧来说，那28天恍如隔世，从生到死再到生，他经历了最痛苦最难忘的28天，是他的坚持与国人的支援才换回再生的希望。

故事启迪

28天，对于人生来说是短暂的，对于任何一个自在生活的人来说，也是短暂的，但是对于一个被歹徒劫持当作人质的人来说，28天是几个世纪，28天是生生死死，是终生难忘！"活下去"三个字在那个时候，那种境遇显得那么苍白无力，但是为了心中的念想，为了家中的亲人，他唯一能做的就是坚持，坚持。食物和水已不再是他的奢求，而空气也只要能让人不闷死就算是满足，心底里支撑起的信念就是——我是中国人！中国人不会丢下自己的同胞，中国人一定会想办法营救自己！在外营救者努力奔走，在内被劫持者努力活着，通过28天的苦战，才赢来了第二次生命！苦战28天让我们看到了中国人的力量，也看到中国工人的意志与坚强，不管多大的困难都压不倒摧不跨的精神！

3. 有心舞狂风，何惧"风吹雪"

新疆塔城地区额敏县的玛依塔斯地处准噶尔盆地西侧，三面环山，形成塔城至托里之间一段长约70千米的狭窄谷地，是冷空气从西北进入准噶尔盆地的通道，也是世界著名的"风口"。这里气候恶劣，一年

四季大风呼啸。寒冬里玛依塔斯，更是"风魔"肆虐，吹雪封路，令无数人"闻风丧胆"，被称为"老风口"。每年有180余天有高于8级的大风吹过，最大风速高达40米/秒，一度被称做"夺命风口"，常常会车毁人亡。冬季气候寒冷，积雪最厚时达2米以上，特别是"风吹雪"更是玛依塔斯的一只拦路"猛虎"。所谓"风吹雪"，是当风速达到一定数值时，地表雪粒被卷入气流，并以移动、滚动、跳跃和悬浮形式在地面与近地气层中，形成"雪雾"，遮天蔽日，严重时能见度不足一米，同时急剧降温，使周围环境急剧恶劣的一种天气。在这样的地方工作，可以想象有多么艰难。

然而，这里也是天然的"风能宝地"，把这些灾害性的风能转化成能为人们造福的能源，该有多好！年轻的蒋智文正是带着这样的梦想，来到了这里的风电场工作。

刚来时，蒋智文也被这里的条件恶劣、环境艰苦吓倒过，哪怕来之前查过很多资料，做了充足的思想准备，但真正实地经历，还是让他受不了。几次动了回家工作的心思，最终还是留了下来。既然留下，就要好好干一场。蒋智文在内心鼓励着自己。

每个工作日，不论酷热严寒还是狂风暴雪，玛依塔斯一、二、三期工程的99台风机、一座220KV变电站、一座110KV变电站及所有的电气设备和保护装置，他都要认真巡查点检一遍。不懂的、有疑问的他随时记在本子上，回到办公室赶紧查档案、打电话询问厂家技术员或上QQ专业群请教里面的师傅。由于他爱学习，人又踏实，大家也爱教他，给予他耐心、细致的讲解。他严谨认真，善于发现解决问题，并且遇到问题就积极去解决，在摸索中获得知识与经验，在克服困难的过程中不断进步提升自己。凭着这股子勤奋精神和踏实作风，他的业务知识和专业技能迅速提高，成为风电场的技术骨干。

一个大风的傍晚，蒋智文正和同事们加班，"广安风二线保护装置报差流越限"集控电话打到了值班室。险情就是命令，蒋智文拿起工

第十章 ◆直面挫折，不怕困难

具包率先跑出了办公楼，可是大风吹得他根本无法站稳。面对困难，他想出一个办法，3个人抱成团往前挪。从值班楼到110KV小继保室短短300百米的路程，他们竟然挪了半小时！来到继保室，浑身已被白毛风的冲击力打麻木了，容不得休整，他们迅速投入到二次回路排查中。经过系列检查，发现该线路电流互感器本体二次接线排内，端子之间的挡板损坏、绝缘降低，端子产生了间歇放电。经过连夜紧急处理，差流恢复正常，避免了线路差动保护跳闸及可能导致的2号主变跳闸的事故。

有一天清晨，风场一期35KV安风一线电流一段保护动作跳闸。当时，路面被雪墙封堵，车辆根本无法通行。蒋智文向领导汇报后，带着干粮工具和两个班员，徒步绕行前往现场巡查故障。身上的棉衣棉裤在戈壁荒滩的寒风中犹如薄纸，他们咬着牙挪动在最薄都有40多厘米厚的雪地。从#1风机到#11风机，他带着大伙硬是把该线路所连的设备查了个遍。累得实在走不动了，就在冰冷刺骨的雪地上趴一会，饿了从背包里拿出冻成冰块的馕啃上一口。直到下午三点多，故障原因才终于排查出来。经过可靠处理，35KV安风一线终于恢复了送电。

2014年春节，玛依塔斯风区遭遇了极端恶劣天气。瞬间风速达到11级，狂风伴着"白毛雪"，造成省道201线玛依塔斯段全线封闭，受此影响，中电投塔城分公司玛依塔斯风电场成了"风雪孤岛"。但这没有影响蒋智文和同事们的工作，一直正常发电，那10天全场发电量达到1468.8142万千瓦时，是平常一个月的发电量。

玛依塔斯风电场维护班在他的带领下，班组整体综合能力、工作效率都在大幅提高，设备消缺率、保护投运率达到98％以上了。他的工作也得到了大家的肯定。他多次受到公司的表彰，并被授予"乌苏热电分公司优秀团员""工会积极分子"等荣誉称号。这些鼓励和荣誉也让蒋智文更加有信心，同时也感受到其他岗位上体会不到的工作乐趣。

故事启迪

与风共舞,听起来浪漫而神秘,真正面对才知道那是怎样艰难的搏斗。然而对于真正踏踏实实奋战在一线的员工来说,既是有心舞狂风,何曾害怕"风吹雪"!一次次与恶劣自然环境的搏斗,一次次战胜身体承受极限,一次次攻克难以理清的故障缺陷,不仅练就了他们超强的忍耐力和战斗力,也为新一代中国工人赋予了更多、更丰富、更扎实的内涵,他们用自己的行动证明,新一代中国工人依然是一不怕苦、二不怕死的铁汉,依然是敢斗狂风、战暴雪的勇者。

4. 中欧班列的"神行太保"

38岁的胡俊是土生土长的义乌人,自2006年6月16日义乌西站开站起至今,从事了13年调车工作。2014年11月18日,义乌开出首趟至马德里的中欧班列,就是由他所在的调车班组完成编组任务的。

曾经,国务院新闻办公室召开中外记者见面会介绍中欧班列的运行情况,铁路金华车务段义乌西站党员调车长胡俊作为一线工人,首次站上国家的发言席,讲述他眼中的中欧班列故事。

万事开头难。谈及中欧班列开行之初的困难,胡俊记忆犹新:"中欧班列刚开行时,困难很多,主要是站场能力不足,股道少,调车作业受限,效率低。"

2014年11月18日,义乌至马德里的首列中欧班列在义乌西站开行,胡俊作为中欧班列的一名调车长,首要的任务就是确保班列调车作业的安全正点。在接到每批作业计划时,他先要提前预想,找出安全关键点,提醒班组人员注意。在货场取送作业时,必须对线路状况进行提前检查,确保安全。

调车作业就是将一列不同去向的车辆进行分解,然后根据相同目的地进行重组,组成一列新的车列。在整个作业过程中,调车长就像指挥员,经常需要扒乘在列车车体侧面,不停地上车下车。他们就像练就了火眼金睛一样,将停车位置误差控制在30公分内,使车辆作业实现安全、平稳连挂。

中欧班列是指按照固定车次、线路、班期和全程运行时刻开行,往来于中国与欧洲以及"一带一路"沿线国家的集装箱国际铁路联运班列,具有安全快捷、绿色环保、受自然环境影响小等综合优势。目前,班列开行数量和范围越来越大,已成为沿线各国加强基础设施互联互通、提升经贸合作水平的重要载体。

中欧班列上的货物并非运往同一个目的地,将一列装有不同去向货物的列车进行分解,然后根据目的地再重组成一列新的车列,就要依靠编组调车作业。调车作业作为义乌中欧班列的头道工序,胡俊和他的同事们最重要的任务就是要确保每趟班列在解体编组后,在规定的时间里、安全地将其送到指定的位置,从而为班列安全、正点到达目的地开好头、起好步。在胡俊眼中,从事中欧班列调车工作使命光荣,不管是苦还是累,他都觉得是甜。

调车作业在室外进行。调车长是铁路运输中最辛苦、风险最大的工种之一。夏天,室外热浪翻滚,线路、钢轨和车体温度超过50℃以上,他们必须坚守岗位。冬天,无论天寒地冻,他们必须担起责任,风里来雨里去,确保中欧班列调车作业安全正点完成任务。

对中欧班列的变化,胡俊有他个人看法。一是调车作业量加大,从前一个班工作12个小时,调车数量大概在200辆左右,现在增加到500辆左右,作业量翻了一番,这从一个侧面反映了国民经济的发展;二是

大国工人的故事：
让你感动到落泪

作业效率随着技术进步大幅提高。随着班列开行数量的增加，今年以来，胡俊每班12小时要来回步行超过1.8万步，约有十公里路。义乌的同事们都称胡俊为"神行太保"。

这些年来，在参与中欧班列调车作业过程中，胡俊亲眼目睹了义乌小商品走出国门、走向世界，见证了中欧班列和社会经济的发展。说起这些故事，胡俊十分自豪。在他的眼中，中欧班列是他和同伴们精心打造的一部沟通中国和世界的作品。经过他们的劳动，一辆辆车被编组成车列，平安驶出了国门，心中对它更有一种亲切感。中欧班列的开行，让义乌的小商品能够快速地运往国外，国外的商品也能够及时地运了进来，丰富了我们老百姓的餐桌和生活。胡俊认为，只要是能为国家谋利，为百姓造福的事情，就是有价值，有意义的事情。他和他的同事们就会不辞劳苦，努力将每道工序做到精细，确保每趟班列安全。

目前，中欧、中亚回程班列开行步入常态。通过新时代的丝绸之路，电脑、机械和轻纺等"中国造"进入中亚、欧洲市场，同时奶粉、黑皮诺红酒、生物医药、扫地机器人、果汁机等"欧洲造"，随着这条大通道运到中国。再通过当地的销售渠道走入城市乡村，进入大小超市，惠及亿万家庭。

 故事启迪

"将一列不同去向的车辆进行分解，然后根据相同目的地进行重组，组成一列新的车列，并确保列车在运行中的安全"。这就是胡俊的工作。每班12小时，来回步行约十公里，这是除了编组以外的工作，所以人们称他为"神行太保"。将一辆车在不断重组的过程中开往国外，这是史无前例的工作，其困难可想而知。38岁的他没有被困难吓倒，班列"安全、正点"到达目的地是他工作的全部内容。"中欧班列是我们精心打造的一部沟通中国和世界的作品"，让这件作品服务更多的人，为国家与世界的沟通作出更多的贡献，他虽苦犹甜！

5. 越是难走的路，越想走一走

2013年，"嫦娥三号"成功登月，这是中国航天事业取得的又一个里程碑式的伟大成就。

在这辉煌成就的背后有一个团队，他们带着探索未知的渴望和誓攀科技高峰的决心，团结协作，奋勇拼搏，让中国稳稳地站在距离地球38万千米的高度，展现民族的智慧和勇气。是他们，将"嫦娥奔月"的美丽神话变成了现实；是他们，以团结拼搏、勇于创新的精神，用不懈努力和默默奉献的精神，奏响了一曲曲飞越地球、探索太空的凯歌。他们，就是中国航天科技集团公司嫦娥三号青年团队。

这是一支年轻的队伍，平均年龄仅为30余岁，这是一群航天才俊，成功突破了月球软着陆、月面巡视勘察、运载火箭直接进入地月转移轨道等重大关键技术，实现了我国航天器首次在地外天体上软着陆和巡视勘察，具有重要里程碑意义，为我国深空探测奠定了坚实基础。

2008年3月，探月工程二期立项，嫦娥三号探测器研制的大幕拉开。这项使命，落在了航天科技集团第五研究院嫦娥三号团队的肩头。

立项以来，嫦娥三号先后经过20个月的方案设计及关键技术攻关、26个月的初样研制和20个月的正样研制。对于研制团队而言，经历的是一场场拼搏会战。

嫦娥三号任务是我国航天领域迄今最复杂、难度最大的任务之一。虽然有嫦娥一号、二号卫星成功绕月的技术基础和经验。但嫦娥三号要首次在月面软着陆，走进"广寒宫"，困难重重，许多新的技术难题需

大国工人的故事：
让你感动到落泪

要攻克。探月工程副总设计师于登云总结为"四新"，即技术新、产品新、平台新、环境新；"两多"，即关键技术多、配套单位多；"两难"，即技术攻关难、试验验证难；"一紧"，即研制时间紧。要完成这样的任务，对于这个年轻的团队来说，无疑是艰难的挑战。

为适应任务需要，嫦娥三号注定要成为不同以往的全新航天器。与嫦娥一号、嫦娥二号相比，嫦娥三号的技术跨度大、设计约束多。嫦娥三号总指挥张廷新说，这次探月的任务一是实施月面软着陆，二是实施月面巡视勘察。与以往我国任何航天器相比，它面临月面特殊温度、月尘、月壤、月面地形地貌等新环境带来的难题，还要突破月球无大气条件下的着陆减速、着陆段自主导航控制、着陆冲击缓冲、月面生存、月面移动、两器分离、月面巡视自主导航与遥操作控制、月地间遥操作、测控通信及地面试验等核心关键技术，技术跨度大，设计约束多。嫦娥三号的新研产品所占比例高达80%，而一般卫星只有20%～30%，这无疑使研制的难度陡增。同时，参与单机研制的单位有230多家，这还不包括多家参与合作的高校，因此综合管理、协调的难度也相当大。

嫦娥三号总设计师孙泽洲说："嫦娥三号的任务要求决定了总体优化设计难，推进系统研制难，着陆器的制导、导航与控制难，着陆缓冲分系统研制难，热控分系统研制难，巡视器移动难，巡视器自主导航控制与遥操作难……"这个"难"，涉及嫦娥三号各个分系统，因为所有系统的继承性都不强，大多需要从零开始设计研制，而其后的研制、试验、验证等过程都会困难重重。

但他们没有后退，而是迎难而上。在总设计师孙泽洲的带领下，研制团队打响了一场场"攻坚战"。为了在月面上实现软着陆，他们为着陆器专门配置了"四个腿"；为了实现虹湾地区的着陆，着陆器上首次使用了微波测距测速敏感器、激光三维成像敏感器、光学成像敏感器、7500牛发动机等核心关键设备；为了在月面上走得稳，他们为巡视器

第十章 ◆ 直面挫折，不怕困难

安装了六个筛网轮；为了顺利完成巡视勘察，他们为巡视器配备了多个"秘密武器"：导航相机、避障相机、激光点阵器……

但这些都是一点点试出来的。以设计为例，研制人员虽然对着陆冲击等研究形成明确结论，但着陆点的月面情况到底是什么样的、着陆时冲起的月尘会不会对任务的实施产生负面影响，都存在不确定性。为了消除不确定性，研制人员建立了包括月表地形地貌模型、月尘模型在内的多个模型，通过系统仿真进行初步分析与设计。研制人员还特别设计了模拟地球六分之一重力状态下的各种试验，模拟软着陆冲击、月面移动试验中的月壤、光照环境；在机构等性能试验中，模拟月尘环境、舱外设备月夜储存环境等，并根据试验标准进行再分析，通过对薄弱环节的不断改进，逐步提高嫦娥三号的性能。

为选择更近似于月球沙漠的试验地点，试验队员煞费心思四处寻找，发现西北沙漠中沙子的力学特性比较接近月面，巡视器移动性能测试就安排在那里进行。孙泽洲对当时的情况记忆犹新，"试验时，参试人员都住在临时搭建的简易房内，有时夜里遇到沙尘暴，连头部都要裹得严严实实。即使这样，早晨起来，被子上、桌子上、地上全是沙子，足足能扫出半脸盆。"但他们没有退缩，而是迎难而上，"越是难走的路，越想走一走"，孙泽洲的这句话，正是这个团队敢于拼搏、大胆创新的气质。

"嫦娥三号面临的最大难度是如何稳稳当当落在月球上，必须是软着陆。"嫦娥三号探测器系统首席科学家叶培建说。软着陆是探测器进行地外天地科学探测的第一步，是探测活动中最为重要的环节。目前，软着陆方式一般分为降落伞式、缓冲气垫式和反推式三类。由于月球上没有大气，属于真空状态，降落伞无法使用；真空状态会使气垫膨胀过快，所以气垫方式也被放弃。反推式由此成为唯一的选择。为实现反推式软着陆，研制团队帮助嫦娥三号迈过了"三道坎"：防翻、减速、缓冲。确保其重心尽可能低，降落时速度尽可能低，并通过缓冲尽可能吸

收掉冲击载荷，确保器上设备安全可靠地工作。

嫦娥三号向月球飞奔时，如果来不及刹车，就会一头撞上月球，摔的"粉身碎骨"。为了确保发动机完成奔月与落月任务，从"九五"开始，航天科技六院就开始研制变推力发动机；2008年，六院正式开始了7500牛变推力发动机的工程研制。在研制过程中，发动机的相关试验就进行了100多次，点火试验累计达到6万多秒，7500牛发动机的变推力技术，突破了着陆减速的难题。嫦娥三号推进系统主任设计师金广明介绍，一般卫星的发动机最大推力只有490牛，神舟系列载人飞船发动机的推力也只有2500牛，7500牛发动机与以往飞行器上的发动机相比绝对是个"大家伙"。7500牛发动机的研制难度不仅仅是推力的大幅增加，更大的难度是要突破大范围变推力、高精度控制、高性能长寿命等关键技术。只有攻克了这些关键技术，才能为探测器中途修正、近月制动、落月软着陆等提供安全保障。其研制难度也是美俄等航天强国公认的。

面对重力为地球六分之一、陨石大坑遍布、昼夜温差超过300摄氏度的月面特殊环境，如何确保嫦娥三号"存活"下来并顺利开展巡视勘查任务，是研制团队面前的又一只"拦路虎"。经过两千多个日夜的奋战，他们研制出全球首创的两相流体回路，啃下了热控设计"硬骨头"，为它的生存安全打牢了基础。

为了验证探测器着陆过程导航控制算法、GNC与推进协调工作能力及工作程序的正确性，研制团队建设了大型月球着陆试验场，研制了跨度100米、高110米的着陆塔架，研制了着陆验证器，并首次在地面大气条件下点火，开展了悬停、避障及缓速下降试验。

同时他们还开展了着陆稳定性试验，验证了月球重力场下着陆面地形地貌和着陆面力学参数对着陆稳定性的影响；进行了着陆冲击试验，获取了器上主要部位的冲击响应，并对单机力学环境条件正确性进行了确认；进行了巡视器分离释放试验，验证了多种恶劣工况下巡视器释放分离的可靠性；首次建设了我国第一个规模最大、功能最强的巡视器室内试验场，开展了巡视器内场试验，系统验证了巡视器爬坡、越障、转向力、自主避障等性能。

月球表面崎岖不平，并覆盖了一层松软的月壤，这为嫦娥三号安全着陆带来了很大的困难；同时着陆在月面不仅存在翻倒的可能，还会激扬起月尘对任务带来影响。研制团队充分考虑了月壤物理力学特性对着陆冲击、稳定性的影响，以及月尘的理化特性等，研制出全新的着陆缓冲系统，为软着陆提供了牢固的支撑。就这样，凭借无穷的智慧和创新的激情，研制团队为嫦娥三号铺就了一条完美的踏月之路，确保它"出得去""刹得住""控得精""落得准""走得稳"。

"台上一分钟，台下十年功。"研制团队为突破嫦娥三号关键技术所付出的艰辛努力，连他们自己也始料未及，但辛苦付出也得到了回报。他们在嫦娥三号上不断挑战一个个"第一"：月基天文望远镜、极紫外相机、测月雷达等有望实现国际首次月面科学探测；首次在我国航天器上采用特殊"热源"技术、7500牛变推力发动机技术，以及世界首创热控两相流体回路控制技术；首次配备360度全景相机、红外光谱仪和X射线谱仪；全新的着陆缓冲系统、全新的自主导航控制和遥操作系统……最终嫦娥三号顺利落月，为我国的航天事情树立起了一座崭新的丰碑。

 故事启迪

干事业怎么可能没有困难，尤其是这样前所未有的伟大事业！习近平总书记在会见嫦娥三号参研参试代表时指出："嫦娥三号任务是我国航天领域迄今最复杂、难度最大的任务之一，是货真价实、名副其实的中国创造。取得这样的成就，最根本的一点，就是中国航天事业始终坚持自力更生、自主创新。"毫无疑问，嫦娥三号研发团队是一个创新的

团队，团结的团队，但更是一个不畏艰难、敢打硬战的团队。"越是难走的路，越想走一走"，这正是这个团队的真实写照。而正是这样不畏艰难险阻、不怕重重困难，敢闯敢拼、敢于争先、敢于冒险的一群人，成就了中国航天的伟大事业！

第十一章
心怀感恩，温暖他人

感恩是生活的智慧，是处世的哲学，更是高尚的品德。一个懂得感恩的人，心中有爱，眼中有情，他们会把不满变成感激，会用宽容代替怨恨，能使恶念成为善意。他们愿意做一盏不灭的灯．点亮万家灯火；他们就像冬日里的阳光，温暖着每一个人。越是优秀的人，越懂得感恩，懂得爱，懂得奉献与包容。

大国工人的故事：
让你感动到落泪

1. 495个孩子的称职"妈妈"

十年前38岁的邵均克在远离城镇的中原油田第一社区居委会分管就业工作。工作四年来，邵均克每天接待最多的就是那些声泪俱下为残障孩子"求工作"的老石油工人，这些问题多了，邵均克心里就有了想法："光是这样缓解矛盾不是根本办法，只有让那些残障的孩子有正常的收入，能够养活自己才是真正的出路"。想法变成实际行动是有距离的。做什么好呢？邵均克琢磨了很久，办个厂子让残障孩子有个工作！邵均克为自己这个想法甚是高兴。说干就干！针织二厂的前身——拖把厂，就在此情此景中创办，最初的厂房是邵均克十几平米的办公室。经过10年的发展，针织二厂的员工由32人扩大到100多人；2012年7月，邵均克出任华苑实业有限公司的副董事长、总经理，此时的邵均克需要照顾五个厂区495名大孩子。

李涛来到华苑公司工作之前总是一脸的忧郁，人们从来没见过他的眉头舒展是什么样子。而今他却时时一脸灿笑，一提起邵妈妈，他就摆出他的标志性动作——同时竖起两根大拇指，意思是加油！这个双耳失聪的孩子最感谢的人就是邵妈妈，是邵妈妈让他的生活有了改变，让他过上了正常人的幸福生活。

手套是针织二厂的拳头产品。这些大红色、厚实的手套就像输油管一样，把爱的暖流传递到残障工人们的心房。

小美萎缩的右腿现在已经有了力气，但她的康复训练不是在康复室，而是在针织二厂的缝纫机上。小时候的一次医疗事故导致这个漂亮姑娘左腿失去知觉。当时正处于青春期的小美自暴自弃放弃了拄拐，导致她健全的右腿也逐渐萎缩。因为与别人不同,小美从来不愿与人交往,把心门紧紧锁住,从不让他人看见。为了让小美放弃思想包袱,将其心锁打开,2005年,邵均克"三顾茅庐",终于把少言寡语、敏感多虑的小美劝到了针织二厂工作。

邵均克"故意"安排她在缝纫机上给手套压直线,以便"做康复训练"。刚开始,小美的右脚踩在缝纫机的踏板上,就像踩在一团棉花上,毫无知觉。邵均克为她打气加油,告诉她越是这样,就越要克服这些缺陷,才能让自己的双腿恢复得更快。邵均克期待的目光让小美信心倍增,终于从自我封闭中走了出来。经过1个多月的练习,小美完成一只手套的时间进步到5分钟,更重要的是,她萎缩的右腿在逐渐康复,随着腿康复,小美性格也开始开朗起来。看到她的进步与改变,邵均克心里比吃了蜜还甜。

针织二厂生产的劳保手套要供给中原油田生产一线的石油工人使用,因此有着严格的质量要求。孩子身体有缺陷是没办法,但生产出的产品不能有缺陷,这是邵均克的宗旨。邵均克安排聋哑孩子和肢体轻微残疾的孩子操作缝纫机,下肢重度残疾的剪布料,智力有问题的翻手套。聋哑孩子使用缝纫机基本上都是邵均克亲自教会的,"这些孩子虽然听不见,但都特别聪明,你得多鼓励他们。"

在邵均克的办公桌里,孩子们的生日表、医保卡、工资卡都被她整理得整整齐齐,哪个孩子过生日,哪个孩子这个月工资是多少,她都一清二楚。

今年30岁的王明华,因为智力障碍,还像个大孩子,见到陌生人会露出憨直的笑脸。王明华刚入厂那年的生日那天,邵均克像为其他员工庆生一样,亲自给王明华煮了个鸡蛋。王明华接到鸡蛋,宽大的五官都乐开了花儿。让邵均克想不到的是,双休日回来,王明华见到邵均克,不好意思地从兜里摸出几块糖来,直往邵均克手里塞;另外还特意留了一块,麻利地剥开,送到邵均克嘴里。这件小事就像块烧热的铁,

大国工人的故事：
让你感动到落泪

在邵均克心里烙下了个甜蜜的印记，那几块糖，邵均克也舍不得吃，一直放在办公桌的抽屉里。但这个王明华，让邵均克并不像他外表一样看起来简单，他有的是小点子，有的是小聪明，这曾经让邵均克很恼火。王明华爱乱花钱，每月领过工资没几天，银行卡里的钱就只剩下小数点后几位了。有一次，趁厂子里运货物的空闲，王明华就揣着银行卡溜出了厂房，一口气跑到30公里外的市中心超市，将卡上的钱全部用尽。这一行为让王明华的父母很担忧——孩子有了自理能力是好事，但总不愿存钱，今后日子没了着落怎么办？王明华的母亲特地请邵均克为儿子管理工资，好让他改掉乱花钱的毛病。于是，邵均克"没收"了王明华的工资卡，锁在了自己抽屉里，每周给王明华一些零花钱。失去"财务自由"的王明华闷闷不乐了好几天。邵均克以为过几天，他就会没事了。没想到有一天，王明华的行为再一次让他吃惊。那天一脸乐滋滋的王明华被邵均克碰到，手很自然地朝背后藏，邵均克猜他一定是有什么秘密，果然，王明华从背后拿出来一只牛蛙。邵均克很奇怪，他的工资卡明明在自己手里，他哪来的钱买这些东西？原来王明华想到了个办法，用身份证把工资卡挂失，重新办一张新卡。这个小聪明可是气坏了邵均克，真想打他两下才解气。但邵均克终究还是下不去手，孩子已经很苦了，怎么还忍心去责怪他。她细心的跟王明华讲道理，那一次，王明华哭了，邵均克自己也哭了。从此以后，王明华再也没有乱花过一分钱，工资卡里的积蓄渐渐多了起来。王明华的母亲为了感谢邵均克，每年岁末都会亲手绣双鞋垫送给她。这些鞋垫都珍藏在邵均克办公桌的抽屉里，邵均克会时不时地将鞋垫拿出来端详一番。平时连袜子都不穿的邵均克，哪里用得上鞋垫，但她知道这是家长们的心意，礼轻情意重，她得收，并得让他们知道，自己很喜欢。与鞋垫放在一起的，还有邵均克自己的医保卡，名誉上是自己的医保卡，其实都用在孩子们身上了，她自己有个小病什么的，从来都是扛一扛就过去了，有时医保卡里的钱不够用，她就用自己的工资补贴，反正就是不让孩子们受苦，不让那些家长们操心。为了这件事，邵均克的丈夫老刘，没少和妻子吵，最极端的事件就是要和她"AA制"。可结果是，老刘还是离不开妻子，至今还和妻子住在针织二厂18平方米的宿舍里。其实邵均克知道，丈夫是体谅自己。

从2002年起，华苑公司几乎每年都会被评为"中原石油勘探局扶残助残先进单位"，这些金灿灿的荣誉奖牌，体现着组织的支持与关爱，鼓舞着邵均克，也鼓舞着华苑公司里其他帮残助残的工作人员。

"有困难，找组织。"邵均克是中原油田残联的"常客"。2002年，邵均克创办拖把厂时，开工第一个月就遇到了工资结算难题。因为当时拖把厂建立在中原油田第一社区的名下，但社区又不允许办实体企业。这下可愁坏了邵均克。恰在此时，中原油田残联的干部找到了邵均克，残联从中牵线搭桥，帮助拖把厂并入了中原油田唯一一家残疾人福利企业——华苑公司，挂牌为"针织二厂"。"组织"还为针织二厂解决了厂房问题。2002年，邵均克的拖把厂，从十几平方米的办公室搬进了第一社区里闲置的原外国专家招待所。厂房连同小院，共占地39亩。如今的针织二厂小院，就像一个世外桃源，繁花似锦、鸡犬相闻。中院瓜藤缠绕，长满了瓜果梨桃；北院有鱼塘，鱼塘里种着莲藕；南园猪鸭鸡羊慵懒地晒着太阳。因为这个百草园，员工们可以免费吃食堂了。每到丰收季节，邵均克都会把新鲜的果蔬送到中原油田一线单位，她知道，没有中原油田，就没有华苑公司，更没有针织二厂，她心里时时充满了感激。

 故事启迪

"油田劳动就业先进个人""优秀残疾人工作者""精神文明建设先进工作者""河南省五好共产党员""三八红旗手""石化集团公司优秀共产党员""廉洁勤政优秀领导人员""濮阳市劳动模范""全国劳

大国工人的故事：
让你感动到落泪

动模范"、2012年"中共十八大代表"，荣誉的光环数不胜数，但是任何一种称呼都比不上"妈妈"两个字的分量。人类最伟大最亲切的称呼莫过于"妈妈"，人类最光荣最辛苦的也莫过于"妈妈"！每一位残疾员工都需要时刻关心与教导，每一位都被视为儿女被细心照顾与呵护，她是最称职的妈妈，也是最劳累的妈妈；她是最具大爱的妈妈，也是重担在身的妈妈。腿疾、聋哑、智障……495名大孩子，不说是照顾，就连记住他们的名字也不一件容易的事！她无怨无悔地坚持了十年，大爱无疆，她是爱的使者，庇佑着每一个需要关爱的孩子。

2. "铁面"也有"柔情"

"她是一名既温暖自己也温暖别人的公诉人。"湖南省娄底市检察院检察长李芳芳这样评价该院公诉一处副处长孙青青。"谈吐大方，理论扎实，反应机敏，严谨细腻。"这是湖南弘一律师事务所律师管海鑫对孙青青的印象。"真心感谢你，你的工作态度让我觉得自己是有尊严的。"这是犯罪嫌疑人吴某发给孙青青的短信。在检察岗位上干了十年，孙青青在大家的心目中既是一位铁面无私的公诉人，也是一名温暖亲切、有人情味的检察官。

2008年9月，22岁的孙青青大学毕业后通过公开招考进入湖南省冷水江市检察院，从此与公诉结下缘分，一干就是10年。"当时，青青是全院年龄最小的，但却不骄不躁，做事细致严谨。"娄底市检察院副检察长朱纪文以前是孙青青的领导，他回忆说，"她很勤快，主动包揽了全科室案件的法律文书填写、文书用印事务，陪前辈们提审、开庭，每天忙得不亦乐乎。"为树立良好的出庭形象，坚持每天对着镜子练形

第十一章 ◆ 心怀感恩，温暖他人

体、练手势、练口才。每当一起疑难复杂案件庭审结束，她会用"复盘"来分析每一个细节，检视自己的庭审表现，以提高业务素能，办公室书柜中那十多本厚厚的笔记本记录了她的"复盘"经历和成长。

宝剑锋从磨砺出。孙青青总结出的毒品类案件证据审查的证明标准、审查重点和审查方法，以及法律适用的把握要点，为娄底市两级检察院毒品类案件的办理提供了参考。她撰写的《准确把握法律、证据，着力追诉漏罪、漏犯，确保毒品犯罪案件质量和法律监督实效》经验材料，被湖南省检察院公诉专报全文刊发。

业余时孙青青喜欢看纪录片《我在故宫修文物》。名校毕业的大学生，毕业后就到故宫博物院天天磨木头，很多人不解，但这种工匠精神让孙青青很是钦佩："这和公诉工作一样，优秀的公诉人需要时间沉淀，需要经验积累，也需要工匠精神。""察微析疑还原事实真相，不让有罪者逍遥法外，不让无辜者蒙冤，这是公诉人的使命和担当。"孙青青说。

2015年1月，孙青青被选调至娄底市检察院，还是被安排在公诉岗位。8月份时她在审查刘某涉嫌贩卖、运输毒品罪一案时，敏锐地发现刘某的下线陈某、谭某涉嫌大宗贩卖、运输毒品的犯罪事实却未被逮捕。经了解，这两人因涉嫌运输毒品罪已被立案侦查，但是证据方面还不够充分，侦查人员感觉无从下手，最后基层检察院决定不批捕，公安机关对其监视居住后就翻供了。

"这个案件不简单。"孙青青了解情况后依法提前介入，她发现陈、谭两人贩卖、运输毒品罪的基本事实清楚，有追诉的必要。为此，孙青青多次与侦查人员进行研讨，共同研究制订补充侦查方案。通过一连串的调查，证据链得到不断完善。

在审查起诉期间，孙青青还针对有可能出现的突发状况提前做了预案。果然在提起公诉后，陈某、谭某再次翻供，但在充分扎实的证据面前变得苍白无力。2016年6月，娄底市中级法院采纳公诉人意见，认

定陈某、谭某犯贩卖、运输毒品罪，均判处无期徒刑。两名被告人不服，提出上诉，湖南省高级法院二审驳回上诉，维持原判。该案也被评为湖南省检察机关2016年度优秀公诉案件。

孙青青工作起来"铁面无私"，爱"较真"，"违法必纠、有罪必罚"，她最尊重的是事实，一切以事实为准。

2013年，在办理小蒋涉嫌聚众斗殴案时，孙青青在小蒋的生日上较上了真。细心的她发现小蒋在供述时，称自己的实际年龄比户籍年龄小1岁："果真如此，那小蒋在犯罪时就是一个未成年人，而这将直接影响他的量刑结果。"于是，她立即联系小蒋父母，但对方因在外打工且法律意识淡薄，一直不予配合取证："我们都是农民，不懂法，还要打工赚钱，没工夫回来，要抓要判，你们做主就是。"

孙青青并没有因为小蒋父母的话而放弃，她多次电话劝说，晓以法理，终于将两人从广东劝了回来配合调查。此后，孙青青又同侦查人员前往小蒋老家所在的村里，通过走访村干部、邻居、接生婆，最终证实了小蒋系1995年农历四月十七日出生，户籍上的年龄确实改大了1岁，至案发时未满18周岁。最后法院采纳了其发表的公诉意见，认定小蒋作案时系未成年人，并对其作出了减轻处罚的判决。

"我儿子的事让检察官费心了，谢谢你给了他一个重新做人的机会。"案件判决后，小蒋的父母一改最初的态度，感谢孙青青把小蒋当亲人一样看待，尽心尽力去维护他的合法权益，给他们全家带去了温暖。

"37℃是一种理性的温度，高1℃会发烧，让人失去理智；低1℃则太冷漠，缺乏亲和力。司法应该是有温度的，公诉人也应该有让人感觉到温暖的一面。"孙青青说。从检10年来，孙青青用执着和韧性与公诉相伴，以37℃的理性和沉稳奔跑在办案一线，"铁面"也有柔情。

故事启迪

执法需要"铁面",为人民服务需要"柔情",真正接地气、受欢迎的检察官,一定是像孙青青这样既"铁面无私"又通晓人情的人。法律无情,但司法应当是有温度的。孙青青用自己有温度的心让更多的人感受到了人间的真情。有很多工作,本身谈不上温暖和柔情,因为做的人心中蕴含着爱和温情,冰冷的工作也会因此而温暖起来。

3. 帮助别人,幸福自己

在长春市,有一位特别的公交车驾驶员,虽然岗位平凡,工作普通,他却是全国五一劳动奖章获得者、是劳动模范,获得过全国五一劳动奖章,"吉林好人·最美职工"称号、长春市劳动模范等荣誉,更重要的是,他是众多残疾人心中最信任的"大哥",他就是长春公交集团北达汽车公司10路驾驶员郭福生。

10路公交车的起、终点位于长春市团山小区对面,该小区是长春市最大的保障性住房工程,也是全国最大的样板示范小区。"小区里有500多户残疾家庭,其中有残疾证的家庭达300多户。"郭福生说,10路是附近唯一一条公交线路,看着这些残疾人出行困难,他心里特别着急,以前坐轮椅的残疾人乘坐他的车,他都得下车先把乘客背上去,然后再把轮椅折叠好拿上车。为了让那些残疾人也能像健康人一样乘坐公交车,他想了很多办法,费了很多心思。经过反复试验,他自己动手焊接用铁板搭建了一个升降梯,将轮椅直接推上公交车,这样既节省了其

大国工人的故事：
让你感动到落泪

他乘客等候时间，又为残疾乘客减轻了很多麻烦，带来了极大的方便。残疾人乘车方便多了。

每遇到雨雪天气，不利于出门的情况下，郭福生还会亲自将公交车开进小区内，接残疾人上车。为更好地为残疾人服务，他还利用业余时间到线路上维修站杆站牌、站务设施；为方便残疾人乘车，研制了残疾人轮椅升降梯；自制几百张爱心名片，为团山小区残疾人家庭义务代办IC卡、代取液化气罐、修理家用电器、清洗排烟机……28年来，郭福生用真心、真情，全心全意为乘客服务，用自己的辛苦和爱心为残疾人架起了一座顺畅出行的"桥"。

在郭福生的心目中，乘客至上、乘客就是亲人，他坚持多看一眼、多走一步、多帮一把的工作法，多为乘客谋便利。遇到行动不便的乘客他亲自扶他们上车就是家常便饭，遇到有困难的乘客伸出援助之手在他看来也是理所当然，至于帮助老幼妇弱和醉汉流浪儿，他更是义不容辞、当仁不让。

2016年的圣诞节夜深夜，开公交车忙了一整天的郭福生准备送车回车队下班时发现马路一侧的隔离带里好像趴着一个人，郭福生停车查看，发现是个喝醉酒的人，满身的酒精味和呕吐物，这大冷的天，睡在这里只怕会冻出毛病来。郭福生就把他背上了公交车，一边为他搓手、搓脸活血热身，一边询问他家庭住址。好不容易找到了醉汉家住的小区后，醉汉又迈不动步，上不了楼，没办法郭福生只好又把他背上楼，送到家中。

郭福生身体力行的爱岗敬业、优质服务，也深深地感动、感染和影响了他的同志和徒弟们，他们都自觉视乘客为亲人，乐为残疾人特殊服务，做了很多的实事好事，10路车队也由亮点变成亮片。为此，10路线被集团命名为"职工志愿者爱心助残线路"，成为长春市一道亮丽的风景线和爱心驿站。

在做好自己本职工作的同时，郭福生还延伸服务社会，热心公益，默默为有困难的群众做好事、解难事，播撒爱与和谐的种子，用实际行动传递正能量，把爱心奉献给他人。郭福生把自己当选长春市劳动模范获得的5000元奖金，一分不留地捐献给急需治重病的女学生，帮助她解了燃眉之急、渡过了难关。郭福生花了800多元钱为困难残疾人王丽兰购买了一辆轮椅，方便她的出行。郭福生还给贫困学生当"代理爸爸"，资助贫困学生，让学生能继续到学校上学完成学业。郭福生还资助了两个特困低保家庭的孩子，每人每月400元；资助了三个较困难家庭的孩子，每人每月100元。这对于一位普通的公交驾驶员来说，也是不小的开销，但郭福生觉得"很值"。就因为他这种古道热肠，深得大家的敬仰。2018年他被授予"吉林好人·最美职工"称号，成为大家学习的榜样。

故事启迪

有记者采访郭福生时他说："作为一名普通的公交驾驶员，我一直把雷锋同志视作榜样，虽然我们所在的岗位如此平凡，但是我们也能够像雷锋那样，把有限的生命投入到无限的为人民服务之中去。"这是他的行动，更是他的心声。这样的一线职工，正是我们千千万万个基层一线员工的缩影。对于我们很多人来说，身处平凡的岗位，做着普通的工作，但只要心中有爱，就会像郭福生一样，用自己的行动去温暖更多的人。

4. 有金杯银杯更有口碑的"好人"

孙国武是吉林省梨树县公安局交通管理大队事故处理中队中队长，

大国工人的故事：
让你感动到落泪

一名普通的基层民警，却以出色的工作和心中的大爱收获了无数奖励和良好口碑。从警近30年，先后获得嘉奖11次，优秀执法民警5次，优秀公务员8次、执法标兵5次；被梨树县人民政府和四平市人民政府各记三等功1次；被四平市公安局记三等功3次；2013年度，被公安部交通管理局授予追逃工作先进个人；2016年度，被梨树县政府评为优秀共产党员，2018年被授予"吉林好人·最美职工"称号。

1990年，从吉林省交通学校毕业的孙国武，毕业分配却到了公安系统，在梨树县公安局交通管理大队事故处理中队担任一名普通民警，负责现场勘察、事故处理、逃逸案件侦破工作。起初，在不了解事故处理中队情况的外人看来，孙国武的工作无疑是铁饭碗中的"美差"，而实际情况到底有多么艰苦，多么劳累，也只有孙国武和事故处理中队的民警们才知道。没有节假日，更没有固定休息日，晚上不管几点，只要有事故第一时间必须赶赴现场。苦点累点都不算什么，关键是做到公平公正，难度太大了，稍微出现一点偏差，就可能酿成上访案件。因而孙国武时刻把公平公正放在首位。27年来，他兢兢业业，勤勤恳恳，不仅以出色的工作得到上级的认可，获得多次表彰，也以超高的业务水平成为逃逸者"克星"，更因为公平公正也得罪了很多亲朋。

27年时间里，孙国武不记得自己抓了多少名肇事逃逸者，但发生在梨树的交通肇事逃逸者没有一人能够逍遥法外，这个成绩的背后，是孙国武和同事们辛苦的工作。2006年冬天，孤家子镇发生一起交通事故，受伤者当场死亡，肇事司机驾车逃逸。孙国武与教导员刘俊敏组成了临时抓捕小组，经初步调查，得知肇事车辆车主为金某，但金某早已逃之夭夭。于是，孙国武决定前往双辽市东明镇进行摸排。通过对当地群众的走访，办案民警得知金某可能在黑龙江省大庆市郊区某牛场附近活动，具体位置不详，且偶尔与妻子通电话。孙国武和刘俊敏多次前往大庆市摸排。但大庆市郊区养牛场太多，摸排难度太大，十天下来他们摸排了30多家养牛场可还是没有发现嫌疑人的踪影。功夫不负有心人，

第十一章 ◆ 心怀感恩，温暖他人

孙国武得知金某在大庆有个亲戚，孙国武通过金某的这个亲戚，获悉了金某在一个酒厂内工作，于是和民警刘俊敏设计让酒厂工作人员送酒，让金某成为"瓮中之鳖"。但等了许久，发现送酒的人并不是金某，于是悄悄跟踪送货车返回酒厂，成功将正在酒厂打更的金某抓获，而此时，距离金某交通肇事逃逸还不足40天，事后，受害者家属眼中含着激动的泪水对孙国武说："这么快的追逃效率，我们做梦都没有想到。"

为了抓捕嫌疑人，他曾在冰天雪地里蹲守了三天三夜，终于抓获了醉酒驾驶犯罪嫌疑人。也曾在烈火骄阳下苦苦搜寻车祸证据，最终发现有用的线索；还曾经8天7夜连续奋战，终于使罪犯落网⋯⋯就是靠着这种顽强的毅力和勇敢的精神，孙国武和同事们克服了诸多困难，创造了交通肇事逃逸网逃全部被抓获的奇迹，为交通事故处理的公平公正奠定了坚实基础。

老百姓给他的口碑，更多的还是体现在他处理事故时"一碗水端平"的公正上。凡是遇到交通事故，就少不了托关系、找熟人、说情送礼的情况。每年给孙国武送礼、送钱的情况至少有十几次，但没有一个人送成功过。不论是上级领导、下属同僚还是同学好友、至爱亲朋，不论谁来说情，都没用。孙国武始终坚持一条：公平和公正。法律面前人人平等，秉公执法绝不能讲人情。因为在百姓心中，事故处理中队是责任划分的"一杆秤"，而这杆秤代表着公平、公正的人民警察形象，孙国武绝不能因此而毁掉人民警察的形象。因为对事故处理的工作从不讲人情，孙国武"得罪"了很多朋友，差不多变成了"孤家寡人"，但他从不后悔。他说，如果我给面子了，收礼了，心中这杆秤就倾斜了，更达不到公平公正处理交通事故了。

有人说他是个不近人情的警官，可他对交通事故受害者却充满了人情味。2007年，在榆树台镇董家窝棚发生一起机动车撞摩托车事故，肇事者不仅撞人还殴打被撞者，声称自己交警有人，随后肇事者逃逸。接到报警后，孙国武立即带领民警赶到事故现场勘查，并调取了周边监

控录像,很快确定了嫌疑人的具体位置。还没等他去抓逃逸人,说情的电话打爆了他的手机,结果还是一样,通通被他顶了回去。当天晚上经过6个小时的蹲守,成功将肇事嫌疑人抓获,给伤者一个圆满的交代。

据统计,每年由他一手调解的疑难交通肇事案件高达300多起,双方满意度达100%。在他的影响和带动下,事故处理中队的同志都严格自律,把公平公正理念视为工作中的生命,每起交通事故都实现了透明公开,二十年没有出现一名违纪民警。他的工作也得到了多方的首肯,多次获得表彰和奖励,2018年,孙国武被授予吉林省"吉林好人·最美职工"称号,这个称号,实至名归。

 故事启迪

老话说"金杯银杯,不如老百姓的口碑",但孙国武却是既有金杯银杯又有老百姓的口碑,不仅获得无数表彰和奖励,更收获了众多老百姓的信任和认可,这才是真正把工作做到最好的标志。其实不管一个人处于什么样的岗位,做什么样的工作,只要心中有爱,眼中有光,就会散发温暖,就能把自己心中的正能量传递给更多的人。

 5. 宁愿一人脏,换来万人洁

她没有惊天动地的事迹,却以无私奉献的精神创造出平凡而美丽的人生,"宁愿一人脏,换来万人洁",她就是全国优秀环卫工、全国三八红旗手获得者——孝感市城管委环境卫生服务中心车站环卫所环卫工孙艳华。

第十一章 ◆ 心怀感恩，温暖他人

1990年参加工作开始，孙艳华日复一日，年复一年，重复着机械枯燥的环卫工作。

春天，她无暇欣赏姹紫嫣红百花齐放的美景，挥舞扫帚忙碌着；夏天，火热的太阳炙烤着大地，她仍然在道路上穿梭忙碌；秋天，满地的落叶更增加了她的劳动强度；冬天，冰天雪地中她用冻肿的双手清扫着垃圾。"唰，唰，唰……"只要在岗位上，孙艳华就肯定在挥舞着扫把，清扫着铺满落叶和垃圾的大街和道路，认真投入地为这个城市的干净和整洁默默付出。在晨曦中迎来阳光，在暮色中送走夕阳。风雨中有孙艳华弯腰清掏落水窗的身影，烈日下有她挥帚扫地的唰唰声，正是这样的辛勤劳作和任劳任怨，让所有人都心悦诚服。

因为表现突出，工作没多久的孙艳华当上了组长。自从当上组长后，她的工作更累了。每天凌晨4点，孙艳华就开始带领大家手不停、脚不住的一遍遍清扫保洁，对垃圾收集清运，对路牙阴沟、边角等清扫过程中易产生的盲区进行彻底清扫，确保早上7点第一遍清扫完毕。

为了确保清扫保洁质量高标准，孙艳华边带头清扫，边督促检查，发现问题及时处理，她所负责的清扫路段长期保持整洁卫生。她每天坚持比组员提前到岗，准备劳动工具，最后一个下班回家，因为要将当天扫坏的扫把重新捆绑，为第二天上班做好后勤保障。每天的工作时间超过11个小时。

在平凡的工作岗位上，孙艳华用辛勤的劳动和汗水赢得了领导的信任和同事们的尊敬。从事环卫工作二十多年来，荣获"全国优秀环卫工人""全国三八红旗手""城市美容师""先进工作者"等称号。她用辛勤劳动的汗水，浇注了城市的美丽；用脚踏实地的工作作风，无怨无悔的奉献精神和吃苦耐劳的敬业理念，换来了城市的美丽。

"宁愿一人脏，换来万人洁"，这是孙艳华的座右铭，也是她不懈的追求。正是因为有太多孙艳华一样的环卫工人，才让我们的城市更加美丽。

大国工人的故事:
让你感动到落泪

 故事启迪

环境卫生是城市文明的窗口和名片，环卫工人是扮靓城市的"美容师"、洁净家园的"守护者"。当城市的灯火渐暗、喧嚣沉下时，更多的人正在梦乡，他们却已经开始走上大街，开始辛苦地为城市"洗脸"；当夏日炎炎、骄阳胜火时，更多的人躲进荫凉或是有空调的地方，他们却在烈日下与恶臭难耐、令人作呕的垃圾和蜂拥而至的苍蝇打交道；当冬雪皑皑、寒风刺骨时，更多的人围着火炉、靠着暖气，他们却在一片片捡拾被寒风吹起的落叶……或许在很多人眼中他们从事的工作既脏又苦更累，收入不高，地位卑微，但正是他们用辛勤的汗水创造出了一座城市的美丽，带来了一座城市的干净和整洁。他们有他们的担当和责任，有他们的奉献和付出，他们用勤劳的双手无私奉献着，无愧于最美劳动者的称谓，他们是我们城市最可爱的人。

 6. 因为感恩，所以更加努力

2008年张海涛从学校毕业，分配到中国黄金集团内蒙古矿业有限公司，成为了公司成立以来第一批新入职大学生。这个年轻的80后，在短短的五年时间里，从一个基层的技术员到铲装、运输管理组组长、采矿现场主管，再到采矿厂厂长助理。张海涛脚踏实地在乌山迅速成长。2012年12月，被授予中国黄金集团"先进个人"和中国黄金集团内蒙古矿业有限公司"劳动模范"称号。

内蒙古矿业有限公司地处高纬度地带，冬季寒冷而漫长，平均气温

第十一章 ◆ 心怀感恩，温暖他人

低于零下20℃，最低温度达零下50℃。夏季短暂且紫外线强烈，草原深处的矿区采场更是全年大风。一年四季在这里被特殊的气候环境演变成了三季：雨季、雪季和风季。80后这一代人，大多是独生子女，他们正赶上改革开放，可以说吃苦耐劳只是他们听老一辈讲的故事，生活中并没有发生过。对86年出生的张海涛而言，环境并不是让他退缩的理由，既然选择了这里，就要在这里扎下根，在这里做出一番事业。

作为采矿生产一线的工作人员，张海涛每天带领着安全管理人员深入现场，仔细检查每一个施工地点，不放过一丝一毫的安全隐患。针对当地环境，他制订了安全专项措施、检查制度等30多项，确保了乌山采场安全事故零记录：重伤及工亡率为零，重大环保事故为零，爆破事故为零，火工品丢失事故为零。

在乌山漫长的冬季，草原的"白毛风"能见度不足半米，大风把地面的积雪和云中下降的雪漫天翻卷，打在脸上就如刀片在脸上划来划去。奋战在采矿现场的工作人员每年都要经受近9个月零下四十几度高寒地区狂风暴雪的洗礼。张海涛常常是顶着酷寒，带领着铲装运输管理组、供配矿组、地质外业组、测量组人员每天到现场施行跟踪式、蹲点式管理，保证矿石无丢失、岩石不混入选厂，保证采场内无超采、混采、残采现象，大大降低了损失贫化率。据统计，乌山采场2012年损失率为0.9%、贫化率1.3%，较去年同期损失减少50%。张海涛和他的团队迎着北疆特有的草原暴风雪，坚持奋战在采矿现场一线，精准测量、计算，换来了采矿厂年年超额完成采剥量任务，为公司完成集团公司下达的生产任务做出了突出的贡献，也得到了公司各级领导的认可。

2011年内蒙古矿业公司提出要创建国际一流矿山企业的目标，这也意味着公司采矿场要与世界一流矿山企业采矿场接轨。面对乌山露天采矿管理方面的不足，作为乌山的青年骨干力量，张海涛参与制订并完善了一系列管理制度及安全措施。为了使组织机构更加合理，责任分工更加明确，生产流程更加顺畅，张海涛负责编写了《采矿厂基础管理

大国工人的故事：让你感动到落泪

手册》《采矿厂安全生产标准化手册》《外委施工单位考核细则》等操作、管理规程。他负责编写的管理创新材料，在公司"创先争优"评比中获得"创先争优先进班组"荣誉称号。

2012年，内蒙古矿业公司制订了一年内将采矿战略调整完成的目标，制订出一年之内开采下降6个台阶（90米）惊人速度的采剥调整方案。方案的确定带来了现场施工组织的难题。张海涛勇挑重担。以科技创新推动生产任务的高效完成。几年来，他带领采矿团队通过开展铲装甩大块、平盘、帮齐、标高、道路、安全标志、挡墙等一系列技术创新和达标活动，有效助力乌山生产效益的大幅提高。经过精心组织、严格管理，采矿场完成了采矿战略性调整，形成了三年内可以持续大规模开采铜矿石的良好局面。他组织的"爆破优化参数试验""冻土爆破试验""预裂爆破试验"等大型项目研究工作被评为公司优秀项目。

在同事们眼中，张海涛是个十足的工作狂。在的工作中没有节假日，没有周末，有时候也可以没有夜晚，没有睡眠。连续工作数十个小时是他的"家常便饭"，实在熬不住就在办公室对付一下。他对乌山的艰苦环境有种"偏爱"，他觉得越是难，他越有劲。

之所以在工作中这么拼命，是因为在张海涛心里，是国家培养了他，让他学到了知识，学到了技术，在国家需要他的时候，他没有理由不去冲锋，没有理由不拿出全部的精力来报效国家。"作为年轻人，拼劲如果不用在工作上，不用在为人民服务上，那岂不是太可惜了。"采矿是他热爱的行业，他将一如既往，不畏艰苦，毫无保留地奉献自己的青春。

 故事启迪

感恩的心不是放在嘴边的，而是付诸于行动。爱岗敬业，踏实上进，努力工作，不含私心，这便是有了感恩之心，这便是有感恩之心的人做事做人的态度。作为一名工人，我们每个人都应该怀有感恩之心，感恩企业、感恩同事，感恩工作。是企业培养了我们，是同事帮助我们一天天成长，是工作让我们有了用武之地，让我们找到实现人生价值的舞台。一个心怀感恩的人总是比那些斤斤计较、只想得到而不愿付出的人容易成功。心底无私天地宽，他们不计较名利、不在乎得失，一心一意把工作做好，反而在不经意中收获了别人无法企及的荣誉与成功。世间万物有因果，得失总在相互间，因为感恩乐意付出，因为付出又得到更多，这一辩证法是那些不懂感恩的人看不懂做不到的。

第十二章

乐于奉献，甘当人梯

优秀的员工不仅自己努力奋进，勤勉努力，还会竭尽所能帮助他人，奖掖新人，甘当人梯，奉献自己。他们对工作毫无私心，只要为了工作，为了企业，他们甘当绿叶，甘作红烛，毫无保留地把自己最拿手的技艺传授给新人，心甘情愿为他人作嫁衣。这正是中国工人素质不断提升、技能水平不断增强的重要支撑。

1. 他们进步，我心里高兴

1992 年，唐玉刚高考落榜，带着几分失落走进了仪征化纤公司。在得知 PTA 装置现代化程度高、挑战更大时，热爱化学的他毫不犹豫地选择到 PTA 生产中心当一名化工操作工。为更快地掌握现场流程，他一次买来十几本理论书，唯一的业余爱好就是啃这些枯燥难懂的书本，钻研化工理论知识，遇到不懂的就赶紧记下来。那时，装置技术"大拿"多，从装置长到值班长，甚至中控主操、现场班长，清一色正规大学毕业生，他一逮着机会就向他们请教。

当班时，一有空他就拿着 PID 图爬框架、认管线、摸走向、找阀门，一本厚厚 PID 图被他翻得卷起了毛边。一同进厂的操作工劝他，大家都是最底层的工人，再怎么努力，这个命运是始终改不了的，做好自己的本职工作就很不错了，没必要那么认真。唐玉刚却不赞同工友的看法，即使是一线工人，也有技术高低之分，至少自己要做到别人会的，自己都会，这样才不会被淘汰，不会被别人瞧不起。PTA 一线上的管线、阀门、仪表、位号都深深地烙在他脑海里，七八十页的 PID 图他随时都能准确无误地默画出来。空压机组是 PTA 生产中心的关键设备，联锁多，油路复杂，一旦操作有失误便会导致整条生产线停车，当时整个仪征化纤公司只有三四个大学生会熟练操作。

夏天，空压机房温度高达 40 多度，局部甚至达到 60 多度，一走近就能感觉到热浪扑面而来，十几分钟的空压机房巡检常常让人热得受不了，而他却经常在里边一呆就是两三个小时，身上的汗从没停过，有时在一个设备下呆的时间久了，起身时地下一滩汗水。功夫不负有心人，不到半年时间,唐玉刚就熟练掌握了空压机组的全部操作,成为该公司第一个会操作空压机组的非本科学历员工。

公司里有个不成文的规矩,那就是只要生产线一有问题,大家都会找唐玉刚。生产线的每个角落他都熟悉得如在自己家中。没有他没到过的地方,没有他解决不了的问题。这就是他在工友们心中的形象。他就像是神医一样,妙手一到病全除。很多时候,他甚至不用拆开机器,只要用耳朵听一听,就知道问题出现在哪里。

凡事都是说起来简单做起来难。唐玉刚的这身本领不是与生俱来的。唐玉刚办公室有10多本厚厚的笔记本,每个本子上都密密麻麻记着他处理现场事故隐患的心得和别人处理事故隐患的得失。这些笔记本都被他完好的保存着,一有空就拿出来翻翻,每次翻看都会有不同的认识,随时补充进去。这是他处理现场故障快、准、稳的"秘笈"。一次,PTA装置一线的中低压蒸汽管线上两块压力表相差30KPa,排查了很久,始终找不到压力不同的原因。当时,还是氧化现场操作工的唐玉刚,就连续几天盯在现场,围着这两块压力表查管道走向、介质管径,终于发现是连接压力表的主管道内有积液,产生了静压,他建议在管道低点增加疏水器,解决了困扰多年的难题。这是他第一次独立解决生产难题。那一年,唐玉刚走上岗位不到3年。那时他的感觉是"特别骄傲,很多大学生都解决不了的难题,被我解决了。"

从此,他越发地爱琢磨了。每年都会向公司提20多条合理化建议,大部分都会被采纳。近5年来,共解决现场生产难题40多个,排除大大小小的隐患故障150多个。他在国内首次将新材料膜过滤器推广应用到PTA生产线。

2012年9月,以唐玉刚命名的"技师创新工作室"成立,吸引了PTA一线现场操作骨干、大学生员工加入,成为PTA一线技术难题的"攻关站"、创新创效的"孵化器"和员工技能提升的"练兵场"。

唐玉刚是PTA现场的专家。20多年现场摸爬滚打让他有了质的飞

跃,不仅会操作,理论水平也比一般人高。他参与了该中心所有培训教材的编写修订,多次负责修编装置 PID 图、作业指导书、化工工艺。他将自己现场发现的问题编成题库,有针对性地组织岗位练兵。近年来,他累计授课 350 学时,在他的带动帮助下,48 名员工顺利通过高级工技能等级鉴定,7 名员工评上技师,10 多名管技人员快速成长为现场骨干。

现在工作室共有成员 12 人,他定期组织大家围绕生产线难题、技改技措项目进行"头脑风暴",有时为了寻找最优解决方案,大家争得脸红脖子粗。他经常泡专业论坛,了解新技术、新工艺,甚至网购学习资料,分享给大家学习。去年,他带着工作室成员 3 次与 PTA 二线曹飞劳模创新工作室"比武"打擂台,围绕质量提升、节能改造进行 PK,让工作成员在交流、"对垒"中提升技能。

近五年来,他带领工作室成员完成攻关项目 30 余项。其中 10 项获得仪征化纤公司科技进步奖,1 项获得该公司职工十大科技创新成果奖。2015 年,工作室成员承担的 QC 课题"降低滤饼再打浆罐含水量"获得江苏省 QC 成果发布二等奖。

"看到他们进步,我比谁都高兴。"每当看到工作室成员取得新成绩,唐玉刚总是特别高兴,比他自己获奖还开心。

近 5 年来,共解决生产难题 40 多个,负责完成攻关项目 30 多项,累计每年创效 1200 多万元,可以说是硕果累累。这个谦虚低调的 70 后由于工作出色还是引起了各方面的关注,随着成绩与荣誉的增多,关注他的人也越来越多。但他始终保持低调,当着记者,他简单而平静地说,他所做的一切都只是本职内的工作,没有什么好宣传的。

 故事启迪

"我做的都是本职内的事",很显然这位别人眼中的技术大拿在他自己看来，做的都是分内的工作，都是应该的。企业给了他工作的平台，让他学会并掌握了多项技术，他就应该感恩于企业，以做更多的贡献来回报企业，这是他的想法，也是他的做法。他最高兴的事就是看到别人的进步，比自己获奖还开心，这种甘当人梯的精神难能可贵。

其实每个岗位都有自己的特点，每份工作都有它的困难与意想不到的结果，每个人对待工作的态度与方法也不尽相同，所以才有了每个人的成绩各不一样。淡泊名利、无私奉献的人，最在意的不是自己得到了什么，而是自己付出了什么。在他们身上，没有惊天动地的壮举，只有在平凡岗位上的默默耕耘；没有高官厚禄的回报，却有大家的敬仰和尊敬。

 2. 坚守初心的光明使者

黎明，寓意着美好和光明。在国网天津市电力公司，党的十九大代表、全国优秀共产党员张黎明人如其名——他始终秉承"人民电业为人民"的宗旨，扎根电力抢修一线31年，甘当点亮万家的"蓝领工匠"，练就了电力运维抢修的绝活；他带领着滨海黎明共产党员服务队，活跃在天津的街区里巷，被誉为"坚守初心的光明使者"。

电网抢修不分昼夜，特别是风雨雪雾等恶劣天气，更是要"枕戈待旦"。在张黎明心里，工作永远是第一位的。他的手机从来没有关过机，二十四小时待命；夜里听到风雨声，就马上穿戴好，把电话握在手中，因为他知道，电力抢修是不分昼夜与黑白的，为了能在第一时间接到命令，能在最短的时间内赶到现场，他时刻准备着。单位抢修工作单上，几乎每一项电网抢修任务都有"张黎明"的名字。

大国工人的故事：
让你感动到落泪

2012年7月26日，天津地区遭遇暴雨突袭。张黎明正在病房陪伴病危的父亲，窗外的风雨声搅动着他的心。等送饭的妻子来到医院，他马上赶到抢修班，刚进门就接到故障电话，立即出发赶往现场。那一晚，张黎明和同事们在暴雨中奔波近8小时，完成报修工作81件。

张黎明服务的辖区是天津市滨海新区，作为北方第一个自贸区，落户在这里的世界500强企业达140多家，确保区域用电安全责任重大。他常对工友们说："干好本职工作就是对党最大的忠诚。"

张黎明喜欢顺着电力设施沿线溜达。溜达的时候，他边走边记，回去后再把一条条线路图精确地绘制下来，对供电线路的全部参数指标、安全状况、沿线环境及用户特点等情况了然于胸。加上长期的抢修实践，他能根据停电范围、天气情况、线路设备健康状况等，迅速判断出事故的基本性质和位置、故障成因和故障点。简单的事情重复做，重复的事情精心做，在长期抢修实践中，他巡线8万多公里，亲手绘制线路图1500余张，梳理分析上万个事故隐患，累计完成故障抢修两万余次，积淀出电力一线工人的工匠精神。

30余年如一日扎根抢修一线，以工匠之心坚守电力工人的初心，张黎明成为电力抢修领域的行家能手。为将自己的绝活儿毫无保留地传授给大家，张黎明总结分析了上万个故障，形成50多个案例，编成《黎明急修工作案例库》，同时将其中常用的11个抢修小经验、8大抢修技巧、9个经典案例印成《抢修百宝书》，供同事们借鉴，使电力抢修更及时、更高效。

张黎明在工作中特别爱较真儿：发明了"黎明急修BOOK箱"，将抢修工具定位摆放，省去了翻找时间；优化改进抢修工作流程，将高压故障平均处理时间由3小时缩短到1小时以内……对工作严谨的他向来都是"对待工作要讲究，不能将就！"的态度。他认为践行工匠精神就要有一种传承和担当精神，既要在专业上精益求精，更要在心中有家国情怀，"将国家电网的社会责任落到实处，带领更多的队员在奉献社会中实现人生价值。"这是他一生的理想与奋斗目标。

作为一名优秀的共产党员，他总是出现在人民群众最需要的地方。2016年11月20日，一场暴雪不期而至。接到拥军里社区停电报修的电话后，张黎明立即和工友驾车出发。经过仔细排查，发现是一段埋在地下的电缆出现故障。排除故障首先要将电线杆上的刀闸断开，可是电线杆已经在风雪中结冰，脚扣难以固定，无法攀爬。经过商议，他们想出一个办法：砸开一段冰层，装上脚扣，3名抢修队员再用肩膀牢牢顶住脚扣，"搭人梯"托举张黎明用加长至5米的拉闸杆上杆作业。风雪正急，寒风刺骨，看着张黎明在这样恶劣的天气下作业，居民们既感动又担心。故障排除后，小区内灯火通明，居民们围在张黎明身边连连道谢，许多人淌下了热泪。

通过这次抢修，张黎明发现社区用电超负荷或遭遇暴雨雷电天气时，线路变压器易发生保险片短路烧毁故障。他和同事们经过反复试验，发明了"可摘取式低压刀闸"，将线路变压器发生保险片短路烧毁故障的抢修时间，从过去约45分钟一下子缩短至8分钟。这项发明后来获得国家专利并得到广泛推广，仅这一项小革新每年就可创造经济效益300多万元。"中国共产党人的初心和使命就是为中国人民谋幸福，我们就是要把人民群众的小事当作自己的大事。"他始终牢记这段话，并时刻与自己的行为对标。

"节能互助、点亮邻里"是"黎明共产党员服务队"开展的一个公益项目，让600多个老旧楼道告别黑暗，近2000户居民从中受益。张黎明到老旧小区抢修电力故障时，发现这些小区楼道大都光线不好，出行很不方便。于是他将滨海新区发给他个人的一万元奖金悉数捐出，成立"黎明·善小"微基金，用来购买节能LED灯泡，安装到这些楼层，为社区居民带去了光明。

以他名字命名的"黎明共产党员服务队"成立10年来，张黎明和伙伴们深入开展"进社区、进企业、进村庄、进校园、进医院"等志

大国工人的故事：让你感动到落泪

愿服务，与11个社区150余户老弱孤残户建立帮扶关系，累计开展志愿服务近万次，惠及居民10万余户。2015年3月的一天，黎明服务队的一位帮扶对象，家住丹东里社区70多岁的陈雨兰大娘打来求助电话，说心脏不好受，子女又联系不上。火速赶到现场的张黎明连忙拨打120叫救护车，可对方说因为堵车到达丹东里至少需要20分钟。时间就是生命，看着老人的情况，张黎明心想不能再耽误，再耽误恐怕情况会不好。于是决定自己开车送老人去医院。当时同事中有人不同意，就怕路上出点差错，大家担不起这个责任。但张黎明果断决定，有责任他来担，先救老人要紧。就这样，他和队友们将老人送到医院，并垫交了住院费，他离去的时候，老人已经脱离了危险。后来老人的家属特地做了一面锦旗送到单位，以感谢他们救了老人的命。这时队员们深深感受到，是队长的坚决与果敢让老百姓感受到大爱的力量，只有他才是真正时刻为百姓着想，为人民分忧的共产党员形象。

如今，"黎明共产党员服务队"的9支分队、215名队员已经把志愿服务制度化、常态化，每年累计出勤1100余次。他们用点滴奉献，诠释着"客户所需、党员所及，让党旗飘扬、让百姓满意、让爱心传递"的郑重承诺。

点亮万家，温暖万家，张黎明相信，只有老百姓幸福了，共产人才会有真正的幸福，他将永不忘为人民服务的初心，用满腔热情，奋斗一生。

 故事启迪

一个人工作得好与坏，完全是心态使然。工作在电力第一线，打交道最多的是风霜雨雪，是险情，是不分昼夜。但是他始终怀揣一颗忠诚于党的心，始终把为人民服务放在最前面，所以无论条件多恶劣，都能不折不扣地完成任务，给人们送去光明，让他们感受温暖。有了奋斗目标，有为人民服务的初心与决心，再苦累的工作都与负担无关。"我工作，我快乐"，他是这样想的，也是这样做的。工作30余年，他对自己的要求是"工作要有讲究，不能将就"，他的行动是"让百姓满意，让爱心传递"。一个人如果浑身充满了正能量，他的智慧就会源源不断地被挖掘出来，开启一道神奇的力量之门，让他有使不完的劲儿，直到走向人生事业的巅峰。

3. 绽放自己的光与热

刘晓伟是赤峰热电厂锅炉分场磨煤机检修班长，他二十几年如一日，在最艰苦的岗位上做出了不平凡的业绩。他多次被评为全厂的标兵职工，2013年，他荣获蒙东能源优秀班长称号，他所带领的检修班荣获蒙东能源优秀班组称号。

1991年，刚刚20岁的刘晓伟进入赤峰热电厂，当了一名检修工。进这个厂是他父亲亲自把他送到车间的，因为父亲也是这个厂的职工，入厂时间是1958年！入厂那天，望着父亲期待的目光，他第一次做出庄重承诺，要干就要干得最好！为了这一承诺，他每天第一个来到车间，每天下班最后一个离开，虚心向有经验的师傅求教，细心揣摩检修工作的每一个环节，一遍又一遍地苦练。功夫不负有心人，随着时间的推移，他从一名学徒工成为了检修班的顶梁柱，磨煤机只要出现故障，他一听声音就能找到问题的症结，并很快手到病除。伴随着时间的脚步，凭借着坚持不懈的努力，他从一个普通检修工到作业组长再到班长，一步一个脚印扎实走来，成为了全厂的技术革新能手。

熟悉电力设备检修的人都知道，磨煤机检修是电力设备检修行业最

为艰苦的专业之一，劳动强度大、作业环境恶劣、危险性高，但刘晓伟却深深爱上了这一极具挑战性的职业。

2012年12月份一个夜晚，正值供暖高峰期，#5炉#2磨煤机轴承突然损坏，为了保证磨煤机尽快恢复备用，必须连夜对损坏的轴承箱进行抢修。已经下班的刘晓伟立即赶到车间，但这次他碰到了最棘手的技术难题，轴承锥形调整断裂，无法正常拆除轴承，工人们经过多种方法的尝试都未能奏效，面对无法正常运转的巨大的磨煤机，许多人感到束手无策，有人提议立即向厂部报告，但此时的刘晓伟却出奇的冷静，经过反复观察思考，一个想法在他脑海中形成：用割锯将轴承内套割开。这是一种不到万不得已谁也不敢尝试的危险方法，被业界称为"终极手段"，它要求极其娴熟的切割技能和极强的心理素质，"操刀"者稍有不慎就会伤到主轴，造成机器报废。面对风险，刘晓伟没有畏缩，他拿起割锯便一头钻进了磨煤机内，凭着多年的检修经验和精湛的技能，他终于将轴承内套一点点割开，等他把轴承一块块拆除完毕换上新轴承时，已经是早晨6点了。看着疲惫不堪的班长，工友们心里很是心疼。原以为他要回家休息的，没想到他却在班里匆匆吃了点早餐就又回到了工作岗位。也有工友劝他，让他回去休息好了再上班，但他认为设备经过修理，性能不一定稳定，还是守在现场比较好。

作为班长，刘晓伟在工作中处处发挥着"兵头将尾"的带头作用，脏活、累活总是冲在最前面。磨煤机机壳有180块护甲，最小的每块30公斤，大块的达到90公斤，总重量约有5000公斤，检修时必须全部拆卸再一块块安装上去，工作强度可想而知。但每次检修都是他爬上机器靠手搬和铰链一鼓作气安装完成，每次护甲安装完成时他浑身的衣服都象刚洗的一样，身上脸上还挂满了油污。多少年来，安装护甲几乎成了他的专利。

以前一台磨煤机周期性大修要用5至7天，自从刘晓伟担任班长后，在他的率先垂范和合理调配下，大家争先恐后，不计工时，昼夜赶班，每个人都充分发挥自己的特长，使检修工作得以快速、高效的完成。现在单台磨煤机周期性检修的用时已经缩短到 2 天，大大提高了磨煤机的可用率，也有效地降低了锅炉燃油率。

多年来，刘晓伟给检修班定了一条原则，就是"能用则用、能修则修"，决不能随意浪费。磨煤机的叶轮使用一定时间后会有严重的磨损，正常轮盘和轮毂磨损超过 1/3 就不能使用，需要更新，而购买新叶轮费用一次就得花 12 万元。他看在眼里，疼在心上，经过反复琢磨，提出了对磨损严重的叶轮进行修复的方案，坚持带领班组人员进行修复，修复费用相当于买新轮的 1/3，而且质量丝毫不差，仅此一项每年就为厂里节省费用 60 万元。

磨煤机冷却水用量是锅炉辅机冷却水使用"大户"，而 A 厂 16 台磨煤机冷却水排放的原设计是直接排入排水沟，看到大量干净的冷却水当作工业废水排掉，刘晓伟觉得十分可惜。2011 年，经过反复研究论证，他编写出了《磨煤机冷却水回收可行性报告》，提出了收集磨煤机的冷却水，通过管道集中后重复再利用的方案，经过研究试验，他提出，管道上无需加装水泵，靠自然重力就能流到蓄水池内，达到节水又节能的目的。在分场和厂生产技术部的支持下，供暖期结束后冷却水改造工作开始进行，刘晓伟率领工友一路过关破隘，仅 45 天就完成改造并一次试运成功。改造后的冷却水系统每小时回收约 60 吨水，每年节省资金约 100 万元。

刘晓伟经常说一句话："有责任感才能做好该做的事、想做的事。"维修班正常班每天早晨八点半上班，可自从刘晓伟当了班长，无论是什么季节、什么天气，他都在 7 点准时出现在磨煤机运行现场，检查是否发生缺陷和异常，安全措施是否到位，并在第一时间进行处理。

一次，他在现场巡查中，发现在磨煤机 3 米高的机壳上施工检修作业中，新来的学员没有把安全带锁扣挂好就进行施工，他立即制止了学员的违章行为，作业组长是他多年的工友，可他依然毫不留情地一起进

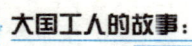
大国工人的故事：
让你感动到落泪

行了批评和处罚。由于班组安全工作抓得严、抓得实，他当班长后从未发生过一次人身安全事故或设备损坏事故。

刘晓伟担任班长后，制订了一个不成文的规定，所有的节假日都由他值班，特别是在春节供暖关键时段，他总是把工友们劝回家和家人团聚，自己顶岗值班。有人说他傻，甚至有人嘲讽他"这小子还真把这个班长当成官了。"但是他总是一笑了之，还是一如既往，因为他早已把这里当成了家。在输送光与热的事业中，他用奉献与担当诠释了他的追求与梦想，也绽放出了一位普通维修工的耀眼光辉。

 故事启迪

人活着的意义是什么？终极目标是什么？是对社会担负起责任，是对社会毫无保留的奉献。以己之力，把本职工作当成一项事业来热爱和完成，从点点滴滴中做好每一件事，从工作的过程中找到乐趣，用心底那份最初的爱去善待身边的每一个人，感染身边的每一个人，使我们的人生快乐而有意义。奉献精神是一个人的修为与道德高度融合后的一种行为表现，奉献是无论在哪个岗位都愿意全力以赴。"把有限的生命投入到无限的为人民服务中"，多少年来，那些奉献于最艰苦的第一线的工人，正是用这样的豪言壮语来激励自己，鞭策自己，拼出人生最绚烂的画卷！

 4. 从技能专家到"带头大哥"

褚继勇是全国青年岗位能手、技能专家，在锦州石化公司工作的

25年，潜心钻研、不断攻关，先后提出30多项合理化建议被车间采纳实施，为企业节约费用700多万元。他先后荣获全国青年岗位能手、辽宁省杰出青年岗位能手、中石化杰出青年岗位能手、锦州市十大杰出青年称号。在这一系列荣誉的背后，是褚继勇从最初的一名技校毕业的普通工人开始，潜心钻研、不断攻关、扎实进取所书写的近30年的励志人生。

成为专家的褚继勇，想得最多的是为企业培养更多的专家人才。2017年5月，他又有了一个让自己颇为自豪的身份：重整车间褚继勇职工创新工作室带头人。创建这个工作室的目的就是为了更好地实施人才强企战略，充分发挥高技能、高技术人才在锦州石化公司技术攻关、技术成果推广中的作用，为技术人员、技能职工搭建一个锐意创新、攻坚克难的阵地，发挥作用、展示才能的平台，不断提高专家和车间技术人才的自主创新能力，不断提升车间管理水平。褚继勇深知，这是一份沉甸甸的责任，更是一份激励大家勇往直前，为企业发展建功立业的动力。

醚化装置开工是锦州石化公司2017年最重要的技改项目。从小组成立开始，工作室就一直围绕"轻汽油醚化装置一次开车成功"这一课题进行多次研讨、攻关，工作室人员中对应醚化装置的工艺员、设备员、技师等相关技术人员多次开展活动，从施工开始就全面介入，经过努力，终于在7月25日，以醚化汽油产品甲醇含量合格为标志，宣告轻汽油醚化装置一次试车成功，每年为企业创造了巨大的经济效益，关于锦州石化公司40万吨轻汽油醚化装置一次试车成功的相关信息，分别在国家、省、市20多家媒体进行了报道。

工作室还以"汽油加氢加热炉减少氮氧化物排放"为课题进行攻关，经过多次研讨、调试，配合燃烧厂家开展活动，最终成功实现加热炉氮氧化物排放要求，为企业环保做出了贡献。

培养年轻人成长成才，助推企业发展。这一直都是褚继勇职工创新

大国工人的故事：
让你感动到落泪

工作室的重要职责之一，也是褚继勇开展工作所努力的方向。在褚继勇的眼中，很多刚进入企业工作的年轻人，就像是一块块未经雕琢的"璞玉"，只要精心打磨，必定会熠熠发光。工作中，他经常亲切地把这些年轻人叫作"孩子"。成立褚继勇职工创新工作室以后，他更是把更多的心血用在了培养人才上。

对于很多刚进入企业工作的年轻人，褚继勇经常与他们耐心交流。"这些孩子都很年轻，都有着对事业的追求。但我深知，成长的道路并非一帆风顺，我经常告诉他们不要有过高、不切实际的目标，一定要脚踏实地，在工作中不断积累经验，学会在挫折后继续前行。要知道，成功的花朵从来都是用汗水浇灌的。只有这样，大家才能正确面对自我，准确把握自我，不断超越自我。要加强学习，掌握专业前沿知识和新技能，做到干一行爱一行，钻一行精一行，只有这样，才能把握住自己的人生，走出一条无悔的路。"

在日常工作中，工作室积极发挥技术和团队优势，大力开展导师带徒和专家带徒活动，今年工作室有三名成员分别与企业新员工结成师徒对子，褚继勇本人也与一名工作三年的本科生结成了"专家带徒"对子。

褚继勇对工匠精神的理解直接而深刻：传承与精益求精，这是一种境界，更是一种修为。他的职工创新工作室必须具有这样的精神，才能实现加快发展。

在褚继勇的心里，他的职工创新工作室就像是一个大家庭，"家人们"在这个创新平台讨论交流，扎实进取，互帮互助，共享经验，每个人在点滴之间都体会着一路成长所带来的喜悦。他很自豪地说："通过这个工作室，通过我，孩子们能够一路成长成才，实现自己的人生价值，这是我最为欣慰的。"

在褚继勇的引领和带动下，这个由高级技师、技师、高级工程师、工程师、助理工程师组成的创新团队，秉持着工匠精神和踏实肯干、不断开拓的工作作风，一路披荆斩棘、攻坚克难，为企业贡献力量的同时，每个成员也在人生旅途上留下了闪光的足迹。

他们了解工艺、懂得设备、熟悉生产，对生产异常能够在最短时间内做出判断、分析和处理，让企业生产在平稳、安全、高效下有序进行。科研成果多次获得中石化、辽宁省、锦州市及锦州石化公司优秀成果奖。他们中的很多人获得了公司劳模、十佳党员等荣誉称号。

 故事启迪

从技能专家到"带头大哥"，褚继勇用自己的行动诠释了新时代技能大师的胸怀和情操。而这样的大师如今遍布中国大大小小的企业。各种各样的"大师创新工作室""劳模创新工作室""职工创新工作室"如雨后春笋般生长出来，成为企业培养高技能人才的练兵场，更多新型的、高技能的人才正在这些"技能大师""创新达人""大国工匠""劳动模范"的带领下茁壮成长。而他们正是中国智造的主力军，中国工业的中流砥柱。

其实不仅仅技能大师或是全国劳模要有这样甘当人梯、努力传授技艺、培养人才的胸怀和情操，任何一名有一技之长的工人，都应当有这样的胸怀，毫不保留地把自己的技能传授给更多的人，全面提升中国工人的整体素质，从而使"中国制造"向"中国智造"的步子迈得更快更稳。

 5. 要把技艺传下去

胡应华是中国第二重型机械集团公司首席技师，先后荣获中华技能

大国工人的故事：
让你感动到落泪

大奖、全国劳动模范、全国技术能手、中央企业劳动模范、中国机械联合会技能大师、四川省十大杰出技术能手等称号，领办国家级、省级技能大师工作室，享受国务院政府特殊津贴。工作41年来，胡应华牵头承担并圆满完成了"世界第一"8万吨大型模锻压机、"亚洲第一锤"100吨/米无砧座对击锤、"轧机之王"宝钢5米轧机等数十项国家重大装备的装配工作，练就了一身重型成套设备装配的绝技绝活，探索了一套精湛的装配技艺技法，培养了一批优秀装配技能人才，为国家重点工程建设和企业发展做出了突出贡献。

1975年，他被分配到二重从事装配钳工工作，这一干就是一辈子。"第一次进厂看到直径60厘米的水压机螺母，我下巴都快掉下来了。"在"巨无霸"林立的重装领域，身材瘦小、仅有初中学历的他，没有一个老师傅愿意教。胡应华暗下决心，一定要"做一行，爱一行"，做出名堂来。

每天比工友提前一个小时到车间练习基本功，自学看图纸，遇到不懂的问题到处"厚着脸皮"缠着老师傅们问。尽管最初到处吃闭门羹，但时间一长，师傅们也开始喜欢上了这个"倔小子"。3年后，全厂青工基本功比赛，胡应华脱颖而出，获得第一名。

真正让胡应华在业内崭露头角的，则是1985年的一次"临危受命"。当时，二重实施首个"交钥匙"工程，需派出团队前往南京汽车总厂安装2500吨热模锻压力机。但由于"任务重、时间紧、技术难度高"等原因，原本计划带队的装配钳工打了退堂鼓。谁来带队？一时成了难题。胡应华的师傅袁明武当时极力推荐他去，经过一番考量，当时还只是一个初级工的胡应华担起了这一重任。大胆创新装配技术，原定45天的安装，胡应华的团队保质保量20天就完成了。

装配工作看似简单，实则却是确保设备顺利运行的核心工艺。对动辄数万吨的重型设备来讲，哪怕是1毫米的误差，也会造成不可估量的后果和损失。二重制造重型设备的实力享誉神州，胡应华的装配技艺领先同行，一定程度上，代表了中国重装制造的最强实力和最高水平。在国家重点工程，目前世界第一的8万吨大型模锻压机的装配过程中，由于外供油封直径大于2000毫米，工作人员经过多次试装，都无法将油封安装到位，造成压力机的工作缸主缸漏油，打压工作无法实施。胡应华把自己"锁"在装配现场，夜以继日对油封的支撑环结构进行研究改良，最后采取分段对接配做的方法一次装配成功，随后经打压试验验证，工作缸主缸无丝毫润滑油泄漏，8万吨大型模锻压机油封安装技术难关成功突破！在国家重点工程三门峡核电站AP1000项目的建设过程中，热段B弯管热弯成型后与模具发生粘模，现场工作人员用尽各种办法均无法将模具分开，若这一关键部件不能及时装配成功，耽误了工程进度，将给公司带来巨大经济损失。胡应华临危受命赶往一线救急！在仔细勘察现场后，他决定采取压顶方式进行脱模，并自行设计、制作了脱模工装，最终成功将热弯与模具脱开，为集团公司挽回了上千万元经济损失。

装配工作，联接重装制造的各项尖端工艺；装配人员，是高难工艺的"最后集成者"。41年来，胡应华在参与相关重装设备研究、设计、定型、生产的过程中，牵头开发了几十项新型工艺，在装备制造行业被广泛推广使用；研究形成了《三轴传动滚切式双边剪研制》等数十项技术理论成果，先后获得各级大奖。在国内最大的16800吨热模锻压机装配时遇到一技术难题：由于最关键部件滑块在工作时会上下运动，而前、后导向梁之间空间狭小，若装配发生丝毫误差，都有可能造成高压软管损伤而导致装备停摆。胡应华查阅了大量国内外类似装配案例，利用机架开口空间大的特点，采取将高压软管换位装配在滑块左、右两侧的方法装配，既确保了高压软管不会发生碰撞和损伤，又便于后期日常维护。他进行的这项装配工艺改进为客户每年节约成本1000万元以上，受到客户高度赞誉。在国家重点工程宝钢5米宽厚板轧机的装配制造过程中，胡应华组织带领两个钳工班组交叉作业，将具体工作量细化到

大国工人的故事：
让你感动到落泪

组、每个零部件责任到人，提高装配效率3倍以上；在装配该设备上横梁时，上横梁与机架装配发生干涉，若返回机床加工，生产周期无法确保，他果断采用基准过渡、排钻修磨的整改方法，顺利解决了上横梁与机架的干涉问题，节省了返工周期；在进行4件重达70余吨的工作辊弯辊窜辊装置的装配时，采用三点捆绑吊装侧移调整装配法，确保装置准确吊装到位，使装配工序一次完成，该型设备的提前装配出产为二重集团公司节省运行资金占用利息近35万元。某用户在宝钢2050毫米粗轧机使用过程中，由于润滑维护不当，造成压下铜螺母与丝杆抱研，无法继续使用，遂邀请正在考察的德国专家帮忙解决未果，只得紧急向二重求援。胡应华再次临危受命，他认真分析现场状况后，因地制宜借用现场平台作基准，将压下铜螺母与丝杆垂直平台摆放，利用压下铜螺母自身重力及行车拉力相互作用，顺利使压下铜螺母与丝杆分离，令现场的德国专家折服。

由于多次用自创办法解决外国专家也"头疼"的问题，胡应华在国外同行中成为"香饽饽"，也成为"想挖走"的对象。但面对出国、高薪等诱惑，胡应华都一一婉拒。

2012年12月，以胡应华名字命名的"胡应华技能大师工作室"挂牌成立，胡应华把工作的重点也放到了人才的培养上。"装配是个集体技术，我的荣誉来自整个团队，我必须让技艺传下去。"工作室已有成员20人，高级技师9人，高级工程师4人，技师5人，工程师2人，拥有近4200平方米的装配试验场地，各类高精专业及辅助设备、工量具近千种别。胡应华充分发挥技能大师工作室在传技带徒、绝技传承、技术创新等方面的优势和作用，积极参与二重集团公司开展的"名师高徒"活动，主动承担起培养优秀装配技能人才的任务。他针对培养对象的知识结构、工作状况等差异，结合产品的类型特点，制订了完善的培养方案和严格的考核标准，分类培训，悉心辅导，毫无保留地传授自己所掌握的绝技绝活和积累的工作经验。在他的带动下，集团公司装配钳工队伍整体素质显著提高,已培养的徒弟有高级技师 7 人、技师 12 人、高级工 32 人,现在均已成为公司装配一线的技术骨干。他的"得意门生"朱军荣获全国技能大赛优秀参赛选手和四川省技术能手称号,另有多名弟子多次在各级技能竞赛中取得佳绩。如今,在二重乃至整个装配钳工行业,几乎都有胡应华徒弟的身影。先后培养出"四川省技术能手"1 名,"四川省青年技术创新带头人"1 人;"德阳市技术能手"1 名;科研技术(生产作业)创新多项成果在《中国重型机械》发表,获省、市、集团公司的创新奖 3 项。

2015 年 2 月正式退休后,胡应华依然选择了接受公司返聘,继续留在企业开展"胡应华大师工作室"工作。

 故事启迪

"传帮带",是中国工人的优秀传统,也是一种最简便、有效的人才培养方法。我国历来讲究师傅带徒弟,手把手地教。如今,面对日新月异的技术设备和日益提升的工艺要求,要保证优良的传统和优秀的技艺代代相传,更加离不开"传帮带"。现在很多技能大师都设立了专门的创新工作室,这对于绝技的传承、人才的培养作用巨大。特别是一些技能大师,更可以利利用工作室来大力培养技能人才,让创新工作室成为技能提升的"大课堂",充分发挥首席技师、创新能手、金牌职工的作用,传授他们的技术绝活,通过师傅传帮带,"一对一、手把手"的培训方式,快速有效地提升技能水平,为中国工业的崛起助力。

参考文献

[1] 谢月华.工匠心做事　感恩心做人［M］.北京：企业管理出版社.2017，05.

[2] 王明哲.不忘初心　铸造匠心，驱动创新［M］.北京：人民日报出版社.2017，06.

[3] 李淑玲.工匠精神　敬业兴企，匠心筑梦［M］.北京：企业管理出版社.2016，08.

[4] 杨润，史财鸣.互联网＋工匠精神［M］.北京：企业管理出版社.2016，08.

[5] 孙法平，刘洪斌，高丽英.立足岗位干好本职工作［M］.北京：人民日报出版社.2019，05.

[6] 刘敏.工匠精神：让工作成为一种修行［M］.北京：中国言出版实社.2016，09.

敬　启

本书在编写过程中，参考和引用了一些资料，由于联系上的困难，我们未能和部分作品的作者取得联系，对此深表歉意，敬请原作者见到本书后，及时与本书编者联系，以便我们按照国家有关规定支付稿酬并赠送样书。联系电话：010－56358618　联系人：李编辑